Mélanie Mardelay

Vegan SCHNELL & EINFACH

Express-rezepte in unter 30 Minuten

riva

Vorwort

Dieses Buch wird dir helfen, etwas Unbezahlbares zu sparen: Zeit.

Wenn wir uns zugunsten von Tieren, unserer Gesundheit und unseres Planeten besser ernähren wollen, entscheiden wir uns dafür, mehr selbst zu kochen. Das bringt Herausforderungen mit sich: Wir müssen uns organisieren, verbringen mehr Zeit am Herd und müssen mehr Geschirr abwaschen. Das muss nicht unbedingt so sein. Wenn wir Lust haben, können wir raffinierte Gerichte zubereiten, die stundenlang schmoren müssen. Aber wenn die Zeit knapp ist, können wir köstliche Gerichte wählen, die in weniger als 30 Minuten fertig sind. Nur solche Rezepte hat Mélanie Mardelay für dieses Buch zusammengestellt.

Seit Jahren beschäftigt Mélanie sich damit, die vegane Küche alltagstauglicher zu machen, um ethisches Denken mit den Anforderungen des Alltags vereinbar zu machen. Ihre Tipps, E-Books, Meal-Prep-Ideen und ihr digitales Magazin *Le Coup de fouet !* begeistern bereits Tausende von Menschen. Eine so große Fangemeinde kann sich nicht irren. Mit Mélanie lernt man nicht nur bewährte vegane Rezepte kennen, sondern bekommt auch wertvolle Tipps für die Organisation der Küche.

Mich begeistert an Mélanies Rezepten vor allem der vielseitige Ansatz. Die Gerichte sind einfach und schnell nachzukochen, sie sind kreativ und lassen viel Spielraum für individuelle Variationen. Die Zutaten sind erschwinglich und unter ökologischen Gesichtspunkten (Saisonalität, regionale Produkte, Bioqualität usw.) zusammengestellt.

Das Hauptanliegen dieses Buchs besteht darin, die vegane Küche wirklich jedem schmackhaft zu machen. Dafür braucht es vor allem einfache Rezepte, die gelingsicher und alltagstauglich sind – also rundum praktische Rezepte. Ich wünsche diesem Buch, dass es einen festen Platz in deiner Küche findet und bald die Zeichen trägt, an denen man ein gutes Kochbuch erkennt: Lesezeichen, Randnotizen, ein paar Flecken …

marie
LAFORÊT

Willkommen

Seit 2014 beschäftige ich mich intensiv mit der veganen Küche, anfangs mit Menüs für Empfänge. Damals gab es noch keine spezifische Ausbildung, und die wenigen Blogs (darunter auch mein eigener) steckten noch in den Kinderschuhen. Viele Menschen hatten von der veganen Ernährung ganz falsche Vorstellungen. Sie setzten sie mit einer Diätküche gleich, die »light« ist, wenig sättigt, viele importierte Produkte enthält und einer wohlhabenden Klientel vorbehalten ist.

Mit meinem Blog und mit diesem Buch möchte ich zeigen, dass man durchaus mit beiden Beinen auf dem Boden stehen und dennoch bewusst – und gut – essen kann. Ich setze dabei nach Möglichkeit auf biologische, regionale Zutaten, und auf Rezepte, die auch Ungeübte mit geringem Zeitaufwand zubereiten können. Ich bin überzeugt davon, dass der Weg zu einer pflanzlichen Ernährung wirklich jedem offensteht, wenn man nur die richtigen Strategien kennt.

Solche Strategien möchte ich dir mit diesem Buch an die Hand geben.

Vegan zu essen bedeutet, auf Produkte tierischen Ursprungs vollständig zu verzichten. Zusätzlich kann man sich noch entscheiden, regional, biologisch, hausgemacht, abfallfrei usw. zu kochen. Aber all diese Optionen sind kein Muss, und wer sich dagegen entscheidet, muss kein schlechtes Gewissen haben.

Ja, man kann sich vegan ernähren, indem man im Supermarkt einkauft, Konserven und Tiefkühlprodukte verwendet und auf Fleischersatz zurückgreift.

Ja, man kann sich vegan ernähren, auch wenn man nicht gern kocht, (vermeintlich) nicht kochen kann oder nur sehr wenig Zeit zum Kochen hat.

Ja, man kann sich vegan ernähren, ohne eine Fülle von importierten Produkten wie Avocados, Mangos, Jackfruit, Cashews, Chiasamen und Quinoa zu konsumieren.

In diesem Buch stelle ich meine Alltagsküche vor. Es sind Gerichte, die ich regelmäßig für mich und meine Kinder koche, aber immer mit einem kleinen Extra: einer zusätzlichen Sauce, einem besonderen Gewürz, einem anderen Gemüse. Solche kleinen Variationen sind wichtig, damit wiederkehrende Speisen nicht langweilig werden. Besonderen Wert lege ich darauf, dass die Gerichte schnell fertig sind, denn auch in ein paar Minuten kann man eine ganze Menge über die interessante Vielfalt der pflanzlichen Küche lernen.

Mélanie

Inhalt

HAUPTGERICHTE

BROT, KÄSE UND SALAT

SÜSSES

EINLEITUNG

BAUKASTEN FÜR AUSGEWOGENE VEGANE GERICHTE

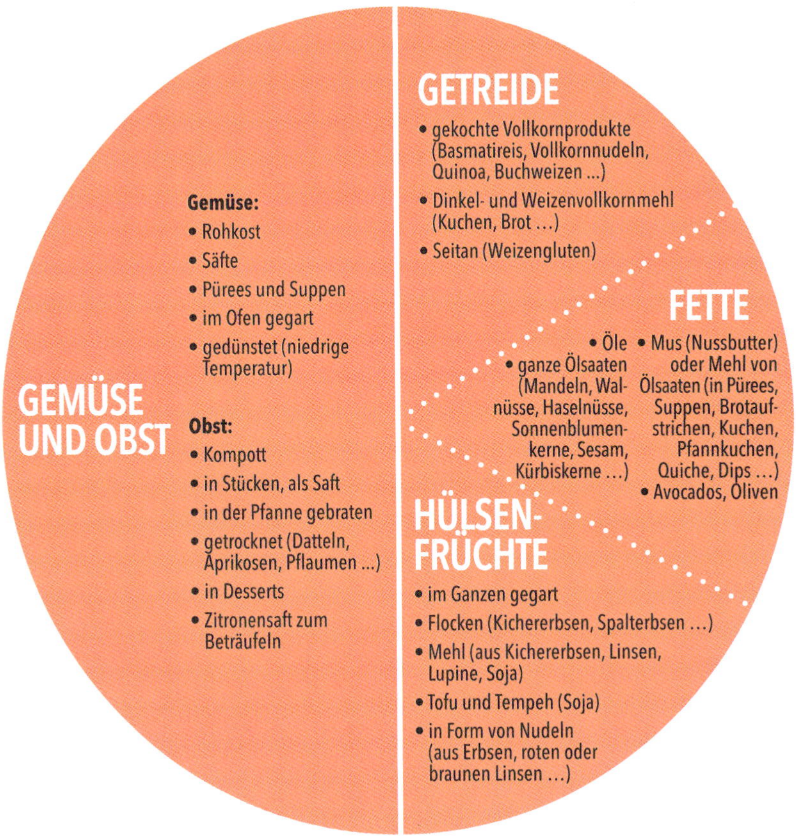

Wichtige Nährstoffe

▲ **OMEGA-3-FETTSÄUREN** Die preiswertesten Quellen sind Rapsöl und geschrotete Leinsamen.

▲ **VITAMIN B12** Unerlässlich für Vegetarier und Veganer. Die empfohlenen Mengen liegen bei 4 Mikrogramm pro Tag oder 28 Mikrogramm bei wöchentlicher Einnahme.

▲ **VITAMIN D** Die Einnahme wird im Herbst und Winter für alle Menschen empfohlen, unabhängig von der Ernährungsweise. 800–1000 Einheiten pro Tag, Personen über 50: 1000 Einheiten pro Tag.

▲ **JOD** Wöchentlich Algen (Kombu und Kelp haben den höchsten Jodgehalt) in Brühen oder Tatar, Flocken auf Salaten, in Pestos oder als Nahrungsergänzungsmittel

▲ **EINWEICHEN:** Vollkorngetreide, Hülsenfrüchte, Nüsse, Samen und Ölsaaten sollten eingeweicht werden, um Phytinsäure zu neutralisieren, denn sie behindert die Aufnahme vieler Nährstoffe wie Eisen, Kalzium, Magnesium und Zink. 1 Stunde Einweichzeit sollte mindestens eingeplant werden.

DER VORRATSSCHRANK FÜR EILIGE

Wer bei der Zubereitung von Mahlzeiten Zeit sparen möchte, sollte auf qualitativ hochwertige Produkte setzen, die viel Geschmack bieten und nicht stundenlang garen müssen, um ein gutes Ergebnis zu erzielen. Wenig Zeit und wenige, aber gute Zutaten – das ist das Motto der Expressküche!

PFLANZLICHE PROTEINLIEFERANTEN

In diese Gruppe fallen viele verschiedene Lebensmittel. Hülsenfrüchte (Linsen, Bohnen, Kichererbsen, Lupinen) und Getreide (Buchweizen, Weizen, Reis, Mais) gehören dazu, auch aus der Dose. Besonders proteinreich sind Produkte auf Sojabasis, beispielsweise Tofu (aus dem Kühlregal), aber auch Sojaschnetzel als Fleischersatz (in Bioläden und Drogerien) sowie Tempeh (in asiatischen Lebensmittelgeschäften und Bioläden). Erbsenprotein gewinnt immer mehr an Bedeutung und ist ebenfalls leicht zuzubereiten. Scheue dich nicht, auch einmal bislang unbekannte Produkte zu kaufen. Für viele findest du in diesem Buch praktische Zubereitungstipps.

Tofu vorbereiten Schritt für Schritt

FÜR 1 PAKET FESTEN TOFU (NATUR)

1 Den Tofu aus der Verpackung nehmen und gegebenenfalls die Blöcke trennen.

2 Den Tofu auf Küchenpapier oder ein sauberes Geschirrtuch legen. Mit Küchenpapier oder dem anderen Ende des Geschirrtuchs bedecken, ein Schneidebrett darauflegen und mit einem Gewicht beschweren.

3 10 Minuten warten. Inzwischen eine Marinade, eine Sauce oder eine Beilage zubereiten.

4 Den Tofu freilegen und in Würfel oder Streifen schneiden, alternativ einfach mit den Händen grob zerpflücken.

5 Marinieren oder sofort mit einer würzigen Sauce zubereiten.

Tofu ist von Natur aus sehr mild, darum sollte er unbedingt mit kräftigen, aromatischen Zutaten gegart werden. Durch das Ausdrücken vor dem Kochen wird die Lake herausgepresst und der Tofu kann die Marinade besser aufnehmen.
Du kannst Tofu dann in der Pfanne oder im Wok anbraten, in einer aromatischen Brühe kochen, ihn wie Rührei zubereiten (siehe S. 92), im Ofen garen, mit Kräutern und Gewürzen zu einem cremigen Aufstrich verarbeiten, frittieren oder panieren.

FETTE

Ich empfehle ein **gutes Olivenöl** zum Kochen und ein Omega-3-reiches **Rapsöl** für Salate und Dressings. Die Auswahl veganer **Margarine** wird immer größer. Kaufe ein Produkt, das aus **kalt gepresstem Öl** hergestellt wurde.

Wertvolle gesunde Fette stecken auch in **Mus aus Nüssen oder Ölsaaten** (Tahini, Mandelmus, Erdnussmus usw.). Du findest in diesem Buch verschiedene Rezepte mit diesen Zutaten.

PFLANZENDRINKS

Die Auswahl pflanzlicher Milchalternativen wird immer größer, der Geschmack kann aber von Marke zu Marke stark variieren. **Sojadrink** ist ein relativ standardisiertes Produkt und man kann bei der Auswahl nicht viel falsch machen. Ich verwende vorzugsweise Sojadrink, der aus hiesigen Sojabohnen hergestellt ist. Er eignet sich gut als Ersatz für Kuhmilch, ist reich an Proteinen, hat eine sehr gute Bindekraft und ist ideal für Gebäck. Alternativ kannst du auch **Mandel- oder Haferdrink** verwenden. **Reisdrink** hingegen ist für Backwaren absolut ungeeignet, da er nur eine sehr geringe Bindekraft besitzt. Er kann aber für Cremes und Getränke verwendet werden.

GEWÜRZE UND CO.

Auf **Hefeflocken** möchte ich keinesfalls verzichten. Dieses Hefeprodukt ist oft mit Gerstenmalz angereichert und hat dadurch einen milden Käsegeschmack. Die Flocken, auch als Nährhefe bekannt, sind in Bioläden, Reformhäusern oder in der Bioabteilung von Supermärkten erhältlich. Hefeflocken können über Salate, Nudelgerichte, Quiches oder auch Gratins gestreut werden und eignen sich gut zum Würzen verschiedener Saucen.

Eine gute Auswahl hochwertiger **Gewürze** ist mir wichtig, um einfache Rezepte geschmacklich abwandeln zu können. Ich kaufe vorzugsweise kleine Mengen, weil Gewürze zwar nicht verderben, aber nach dem Öffnen der Verpackung schnell an Aroma verlieren. Ich empfehle ein Sortiment aus **Curry, Kreuzkümmel, Rauchpaprika, Chili** und **Kurkuma.** Pikante Gewürzmischungen wie **Ras el-Hanout** oder **Garam Masala** sind eine gute Ergänzung.

Auch beim **Pfeffer** gilt, dass frisch gemahlene Körner viel aromatischer schmecken als gekauftes Pulver. **Ingwer** kann man getrocknet und gemahlen kaufen, aber frischer Ingwer hat ein intensiveres und frischeres Aroma. Man kann ihn gut im Kühlschrank aufbewahren oder einfrieren.

Miso musst du kennenlernen. Die Paste aus fermentierten Sojabohnen, Reis oder Gerste eignet sich ausgezeichnet zum Aromatisieren von Brühen und kann als Ersatz für gekörnte Rinder- und Geflügelbrühe verwendet werden. Helle, milde Misopaste gebe ich gern an Brühen und »Käsesaucen«. Weitaus kräftiger schmeckt schwarze Misopaste, die länger gereift ist. Sie eignet sich für kräftige Brühen, Gerichte mit Seitan oder die klassische japanische Misosuppe. Misopaste ist in asiatischen Lebensmittelgeschäften, in Bioläden und in der Asiaabteilung gut sortierter Supermärkte zu finden. Ich empfehle, je ein kleines Glas helle und dunkle Misopaste zu kaufen. Beide halten sich im Kühlschrank lange.

Ein weiterer Klassiker der asiatischen Küche ist **Sojasauce**. Wähle ein Produkt ohne Zusatzstoffe! Es gibt Produkte mit unterschiedlichem Salzgehalt. Tamari ist eine glutenfreie Sojasauce, die auch von Menschen mit Zöliakie meist gut vertragen wird.

Sahnealternativen gibt es inzwischen aus Reis, Hafer, Hirse, Mandeln, Soja und anderen Grundstoffen. Ich bevorzuge Sojacreme, weil sie relativ preiswert ist und man sie fast überall kaufen kann.

MEINE LIEBLINGSZUTATEN

Tofu

Möglichst frischen Tofu aus dem Kühlregal kaufen, haltbare Produkte sind oft zäh.

- Räuchertofu mit Mandeln, Sesam, Oliven, Bärlauch
- Fester Tofu natur oder halbfester Tofu
- Milchsauer vergorener Tofu mit Tamari (Bioladen)

Sojaschnetzel

Online und in gut sortierten Lebensmittelgeschäften erhältlich

Sojadrink

Sojadrink mit Vanille (Bioladen)

Sojadrink natur

Sojacreme

- Meist im 200- oder 250-Mililiter-Tetra-Pak (im gut sortierten Lebensmittelhandel, in Drogerien und in Bioläden erhältlich)
- Milchsauer vergorene Sojacreme (Bioladen)

Veganer Käse

- Zum Überbacken: veganer Feta, veganer Cheddar in Scheiben (für große Oberflächen)
- Streichkäse: Brotaufstrich mit Knoblauch und feinen Kräutern (Bioladen)

Algen

In asiatischen Supermärkten und gut sortierten Lebensmittelgeschäften erhältlich.

Gewürze

Ich bevorzuge Gewürze und Gewürzmischungen, die besonders aromaintensiv sind. Zu finden sind sie in jedem Supermarkt oder Bioladen.

Vegane Schokolade

Mittlerweile gibt es von vielen Herstellern Schokolade, Kakaopulver sowie Produkte zum Kochen und Backen (Tropfen) zu erschwinglichen Preisen.

KÜCHENUTENSILIEN

Wer in der Küche Zeit sparen will, muss effizient arbeiten. Dabei ist gutes Werkzeug eine große Hilfe.

Gute **Messer** (die keine Unsummen kosten müssen, aber regelmäßig geschärft werden sollten) sowie ein **pflegeleichtes Brett** in einer Größe, auf der es sich bequem arbeiten lässt, sind die Basics.

Um Gemüse auch mal in Scheiben oder Julienne zu schneiden, ist ein **Gemüsehobel** praktisch. Ein **Fingerschutz** hilft, Verletzungen an den scharfen Klingen zu vermeiden. So ein Gerät braucht nicht viel Platz und eignet sich für fast alle Gemüsearten.

Eine **Vierkantreibe** ist nützlich, um kleine Mengen Rohkost und Ingwer zu reiben, oder für Tofu, der für Croques oder Sandwiches verwendet werden soll.

Ein guter **Sparschäler** mit einer scharfen Klinge ist unerlässlich.

Ein **Stabmixer** und/oder eine **Küchenmaschine** erleichtern die Zubereitung von Füllungen, Gehacktem, Saucen und Suppen. Der Stabmixer ist ideal für flüssige und sehr cremige Zubereitungen oder für die Herstellung von Füllungen. Eine Küchenmaschine eignet sich – je nach Zubehör – zum Pürieren von Lebensmitteln, zum Herstellen von Füllungen und Teig oder zum Raspeln und Schneiden größerer Mengen Gemüse.

Beim Kochen lohnt es sich, etwas größer zu denken. Ich empfehle neben Pfannen und Töpfen in gängigen Größen einen größeren Kochtopf mit Deckel oder einen **Schmortopf** oder **Bräter**. So einen großen Topf kann man (mit einem entsprechenden Einsatz) zum Dämpfen verwenden. Man kann gut in ihm rühren, ohne dass etwas überschwappt, oder bei Bedarf die Mengen eines Rezepts verdoppeln. In Töpfen mit einem dicken Boden brennen Speisen nicht so leicht an.

TIPPS ZUM ZEITSPAREN

Die Arbeitsschritte in den Rezepten sind einfach und logisch aufgebaut. Das ist meiner Meinung nach eine Grundvoraussetzung für zügiges und organisiertes Arbeiten in der Küche.

Alles bereitlegen, was benötigt wird. (Wer schon einmal ein Gemüse oder Gewürz holen musste, während etwas in der Pfanne verbrannt ist, hebe die Hand!) Es ist wirklich wichtig, alles griffbereit zu haben, um mehrere Arbeitsschritte flink nacheinander oder gar gleichzeitig erledigen zu können.

Erst schälen und schneiden, dann kochen. Auch das erleichtert den eigentlichen Kochvorgang erheblich. Nun schnippeln nicht alle gleich schnell, sodass die Zubereitungszeiten von Person zu Person leicht variieren können. Die Garzeiten sind aber immer gleich. Es wäre doch ärgerlich, wenn die Zwiebeln schwarz werden, weil die Karotten noch nicht fertig geschält sind!

Die ultimative Schnellküche besteht darin, ein bereits fertiges Gericht lediglich aufzuwärmen. Darum empfehle ich, besonders gut dafür geeignete Gerichte gleich in **doppelter Menge** zu kochen, damit du bei Bedarf immer eine Portion griffbereit hast.

MEINE LIEBLINGSREZEPTE

Wir alle haben unsere Kochgewohnheiten und Vorlieben, und das ist auch in Ordnung, doch manchmal sollte man durchaus etwas Neues ausprobieren, damit der Speisezettel nicht langweilig wird. Hier verrate ich, welche Rezepte ich am häufigsten für mich und meine Familie zubereite.

Wohlfühlgerichte

- Spaghetti mit Schalottencreme mit Estragon und Weißwein (S. 50)
- Knoblauchbrot (S. 144)
- Süßkartoffel-Karotten-Püree mit gerührtem Tofu (S. 92)
- Auberginenschnitten mit Zatar (S. 148)
- Himbeermuffins mit Schokolade (S. 158)

Für Gäste

- Nudelsalat mit Artischocken und getrockneten Tomaten (S. 106)
- Ajo blanco (S. 28)
- Tomatencreme im Gläschen (S. 32)
- Tempeh mit Ahornsirupglasur (S. 118)
- Buchweizenröllchen mit Käse und Karotte (S. 42)

Internationale Küche

- Gemüse-Pilaw mit Tandoori-Gewürzen (S. 96)
- Palak Paneer mit Tofu (S. 90)
- Gebratener Tofu mit Ananas (S. 122)
- Sesamsauce (mit Reis oder als Dip zu Rohkost, S. 54)
- Pikante Wokgerichte mit Gemüse (z.B. S. 130)

Zum Mitnehmen

- Auberginenschnitten (S. 148)
- Herzhafte Proteinpfannkuchen (S. 34) mit einem schönen Salat
- Würzige Nüsse und Kerne aus dem Ofen (S. 22)
- Gegrillte Tortillas mit weißen Bohnen und getrockneten Tomaten (S. 116)
- Croques mit Hummus und Ratatouille (S. 24)

SNACKS, DIPS UND KLEINIGKEITEN

Würzige Nüsse und Kerne aus dem Ofen

Diese Nüsse und Samen sind eine tolle Alternative zu den guten alten gerösteten Erdnüssen: gut vorzubereiten, hübsch anzusehen und immer gern geknabbert.

FÜR 1 SCHALE

VORBEREITUNG: 5 MINUTEN / GARZEIT: 15 MINUTEN

Haselnüsse mit Thymian und Rauchpaprika

150 g Haselnusskerne

1 gehäufter TL getrockneter Thymian

1 TL Rauchpaprika

½ TL Salz

Mandeln mit Curry

150 g Mandeln mit Haut

1 gestrichener TL Curry (oder mehr, wenn du es scharf magst)

½ TL Salz

Mandeln mit Algen

150 g blanchierte Mandeln

1 gehäufter EL getrocknete Algenflocken

½ TL Salz

Kürbiskerne mit Chili

300 g Kürbiskerne

1 gehäufter TL Chilipulver

1 TL Salz

Die Zubereitung ist für alle Kombinationen gleich:

1. Den Backofen auf 170 °C Umluft vorheizen.

2. Die Nüsse und/oder Samen in einem Sieb befeuchten, dann in eine Schüssel geben.

3. Mit den Gewürzen und dem Salz bestreuen, gut vermischen und auf einem Backblech verteilen.

4. 15 Minuten auf der mittleren Schiene im Ofen rösten, dann vollständig abkühlen lassen. Die Kürbiskerne nur 10 Minuten backen, da sie kleiner sind.

Aufbewahrung:
Das Rösten im Ofen hat den Vorteil, dass die Nüsse oder Samen gut austrocknen und lange haltbar sind. Nach dem Abkühlen können sie in einem Schraubglas mehrere Wochen lang aufbewahrt werden.

Schnelle Croques mit Hummus und Ratatouille

Wenn ich wenig Zeit habe, bereite ich mir so ein Croque gern als schnelles Mittagessen zu.

ERGIBT 4 CROQUES

VORBEREITUNG: 5 MINUTEN / GARZEIT: 6 MINUTEN

400 g Ratatouille (eventuell vom Vortag) / 8 Scheiben Vollkorntoastbrot / 100 g schwarze Tapenade / 200 g Hummus / Olivenöl für die Pfanne

1. Die Ratatouille in einem Sieb gut abtropfen lassen. (Den Saft auffangen, um später z. B. Reis damit zu würzen.)

2. Alle Brotscheiben zuerst dünn mit Tapenade, dann mit Hummus bestreichen.

3. 4 Scheiben Brot mit je 2 EL Ratatouille belegen, dann mit den anderen Brotscheiben bedecken.

4. In einer Pfanne mit etwas Öl bei mittlerer Hitze von jeder Seite 3 Minuten braten. Alternativ 6 Minuten im vorgeheizten Ofen bei 180 °C Umluft backen oder in einem Sandwichtoaster/Kontaktgrill zubereiten.

Croques mit Cheddar und Gemüse

ERGIBT 4 CROQUES

VORBEREITUNG: 10 MINUTEN / GARZEIT: 11 MINUTEN

2 Karotten / 1 kleine Zucchini / 1 Knoblauchzehe / 1 EL Basilikum (frisch oder TK), gehackt / Olivenöl für die Pfanne/ 8 Scheiben Vollkorntoastbrot / 60 g süßer Senf / 8 Scheiben veganer Cheddar

1. Karotten und Zucchini waschen und raspeln. Den Knoblauch abziehen und hacken.

2. Das Gemüse mit dem Knoblauch und dem Basilikum in einer Pfanne mit etwas Öl 5 Minuten anbraten.

3. Jede Brotscheibe dünn mit Senf bestreichen und mit je 1 Scheibe Cheddar belegen. Das Gemüse auf 4 Brotscheiben verteilen. Mit den anderen Brotscheiben bedecken.

4. In einer Pfanne mit etwas Öl bei mittlerer Hitze von jeder Seite 3 Minuten braten. Alternativ 6 Minuten im vorgeheizten Ofen bei 180 °C Umluft backen oder in einem Sandwichtoaster/Kontaktgrill zubereiten.

Andere Zutat?
Vollkorntoastbrot ist die einfachste Variante, aber ich empfehle, diese Croques einmal mit einem gehaltvollen Sauerteig- oder Landbrot zuzubereiten. So schmecken sie aromatischer und sättigen besser. Veganer Cheddar oder ein anderer veganer Schnittkäse ist mittlerweile in fast allen Supermärkten erhältlich.

Hummus mit Rote Bete und Dill

Vom klassischen Hummus gibt es viele Varianten. Diese hat durch die Rote Bete eine besonders schöne Farbe.

ERGIBT CA. 500 G

VORBEREITUNG: 5 MINUTEN

1 Knoblauchzehe

180 g gegarte Rote Bete (2 kleine Knollen)

240 g Kichererbsen, abgetropft (Flüssigkeit aus der Dose auffangen)

1 EL Sesammus (Tahini)

2 EL Dill, frisch gehackt oder TK

Saft von 1 Zitrone

1. Die Knoblauchzehe abziehen. Die Rote Bete in Stücke schneiden.

2. Alle Zutaten in einem Mixer glatt pürieren. Falls die Masse zu fest ist, etwas Flüssigkeit von den Kichererbsen (Aquafaba) unterrühren.

3. Das Hummus hält sich in einem luftdicht schließenden Behälter etwa 1 Woche im Kühlschrank.

Variante:
Farbliche Abwechslung gefällig? Verwende anstelle der Roten Bete die gleiche Menge gegarte Erbsen, Kürbispüree oder 100 g schwarzes Sesammus (in diesem Fall das Tahini weglassen).

Ajo blanco

Ajo blanco ist eine kalte Suppe aus Andalusien, die mit Mandeln, Knoblauch und Weißbrot zubereitet wird. Sie kann als Vorspeise in hübschen tiefen Tellern serviert werden, eignet sich aber auch als Amuse Gueule in Gläschen mit einigen frischen Weintrauben.

FÜR 6 SUPPENTELLER ODER 20 GLÄSCHEN

VORBEREITUNG: 5 MINUTEN

60 g frisches, duftendes Weißbrot
1 Knoblauchzehe
120 g blanchierte Mandeln
60 ml Olivenöl
1 EL Sherryessig
1 gestrichener TL Salz
helle Weintrauben (nach Belieben)

1. Das Brot in Würfel schneiden, die Knoblauchzehe abziehen und die Mandeln abspülen.

2. Alle Zutaten (bis auf die Weintrauben) und 250 ml Wasser in einem starken Mixer cremig pürieren, dann nochmals allmählich bis zu 250 ml Wasser hinzufügen, bis die Konsistenz stimmt. Die dickflüssige Suppe ist gehaltvoll, und schon eine kleine Portion sättigt gut.

3. In Gläschen oder Teller füllen und nach Belieben mit halbierten Trauben garnieren.

Noch aromatischer:
Die Suppe schmeckt noch besser, wenn sie vor dem Servieren 12 Stunden in den Kühlschrank gestellt wird, damit sich die Aromen entfalten können.

Küchentipp:
Wenn dein Mixer nicht sehr leistungsstark ist, bleibt die Suppe eventuell etwas stückig. Das lässt sich reduzieren, indem du die Mandeln vorher 4 Stunden in Wasser einweichst.

Gefülltes Baguette

Bestimmt kennst du vorgeschnittenes, mit Knoblauchbutter gefülltes Baguette zum Aufbacken, das sich so gut zum Teilen eignet? Aber wusstest du auch, dass man es ganz leicht selbst zubereiten kann – und zwar in neuen interessanten Geschmacksrichtungen?

FÜR 1 BAGUETTE

VORBEREITUNG: 5 MINUTEN / GARZEIT: 10 MINUTEN

1 Baguette
50 g Tapenade (grün oder schwarz)
50 g Pesto (siehe S. 56)

Ideen für andere Füllungen:
(Knoblauchbutter (siehe S. 70)
Tomatensauce, geriebener veganer Käse und dünne Scheiben Tofu
Rotes Pesto (siehe S. 57)

1. Den Backofen auf 180 °C Umluft vorheizen.

2. Das Baguette längs (wie ein Brötchen) aufschneiden, dann jede Hälfte quer halbieren.

3. Zwei Baguettestücke großzügig mit der gewählten Füllung bestreichen. Mit der anderen Hälfte bedecken und dann das Brot in gleichmäßige Scheiben ein- aber nicht komplett durchschneiden.

4. Das angeschnittene Brot auf ein Backblech legen und 10 Minuten aufbacken. Warm auf einem Teller oder auf einem Brett servieren.

Zeit sparen:
Du kannst das fertig bestrichene, geschnittene Brot auch einfrieren. Bei Bedarf einfach gefroren auf das Backblech legen und im vorgeheizten Ofen 15 Minuten bei 180 °C Umluft aufbacken.

Tomatencreme im Gläschen

Gläschen (Verrines) waren lange Zeit zum Servieren kleiner Vorspeisen sehr beliebt. Ich finde, dass sie eine tolle Möglichkeit bieten, neue Geschmacksrichtungen zu entdecken, ohne sich gleich satt zu essen.

FÜR 10 GLÄSCHEN À 60 ML

VORBEREITUNG: 10 MINUTEN / GARZEIT: 5 MINUTEN

30 g Kürbiskerne / 200 g getrocknete Tomaten in Öl + 50 g zum Garnieren / 1 Knoblauchzehe / 400 g Seidentofu / 1 gestrichener TL Salz

1. Die Kürbiskerne in einer Pfanne ohne Fett 5 Minuten unter ständigem Rühren rösten, bis sie platzen. Achtung, sie verbrennen leicht. Zur Seite stellen.

2. Die 50 g getrockneten Tomaten zum Garnieren fein hacken. Die Knoblauchzehe abziehen.

3. Seidentofu, die 200 g getrockneten Tomaten mit dem Großteil des Öls, Knoblauch und Salz in einem Mixer zu einer glatten Creme verarbeiten. Zwischendurch die Mischung vom Becherrand nach unten schaben.

4. Die Tomatencreme auf 10 Gläschen verteilen. Die gerösteten Kürbiskerne und die gehackten Tomaten darauf verteilen und bis zum Servieren in den Kühlschrank stellen.

Erbsencreme im Gläschen

FÜR 10 GLÄSCHEN À 50 ML

VORBEREITUNG: 10 MINUTEN / GARZEIT: 10 MINUTEN

300 g Erbsen, frisch oder TK / 1 Würfel Gemüsebrühe / 80 g fermentierter Tofu / 1 Knoblauchzehe / 100 ml Haferdrink / 1 EL Schnittlauch + 1 TL zum Garnieren / ½ TL Salz / frisch gemahlener schwarzer Pfeffer

1. Wasser in einem Topf zum Kochen bringen, die Erbsen und den Brühwürfel dazugeben. 10 Minuten bei mittlerer Hitze kochen.

2. Die Erbsen abgießen und unter kaltem Wasser abschrecken, um den Kochvorgang zu stoppen und die Farbe zu erhalten. 1 Handvoll Erbsen zum Garnieren zur Seite legen.

3. Den Tofu in Stücke schneiden, die Knoblauchzehe abziehen.

4. Die Erbsen mit Haferdrink, Tofu, Knoblauch, Schnittlauch und Salz in einem Mixer glatt pürieren. Mit Salz und Pfeffer abschmecken.

5. Die Creme in Gläschen verteilen, glatt klopfen und mit den restlichen Erbsen und Schnittlauch garnieren. Bis zum Verzehr in den Kühlschrank stellen.

Herzhafte Proteinpfannkuchen

Diese herzhaften Pfannkuchen sind genauso schnell fertig wie süße Pfannkuchen, werden aber mit besonders proteinreichem Mehl zubereitet. Sie eignen sich auch gut zum Mitnehmen.

ERGIBT 6 PFANNKUCHEN

VORBEREITUNG: 10 MINUTEN / GARZEIT: 20 MINUTEN

50 g Kichererbsenmehl
100 g Buchweizenmehl
10 g Lupinenmehl
1 TL Kreuzkümmelsamen
½ TL Knoblauchpulver
½ TL Salz
1 Msp. Natron
200 ml Pflanzendrink (Soja, Mandel oder Hafer)
2 EL Öl + Öl zum Braten
1 EL Essig

1. Alle trockenen Zutaten in einer Schüssel mischen.

2. Pflanzendrink, Öl und Essig in einem Messbecher verrühren. In die Schüssel zu den trockenen Zutaten gießen und mit dem Schneebesen zu einem glatten, dicken Teig verrühren.

3. Eine Pfanne mit etwas Öl auf mittlerer bis hoher Stufe erhitzen und 1 Kelle Teig hineingeben. Sobald sich an der Oberfläche Blasen bilden, den Pfannkuchen wenden und eine weitere Minute backen.

4. Auf einem Teller zur Seite stellen und den restlichen Teig ebenso verarbeiten.

Interessante Zutat:
Lupinenmehl besitzt eine ausgezeichnete Bindekraft und ist außerdem sehr proteinreich. Weil der Geschmack aber kräftig ist, setze ich es nur sparsam in Rezepten ein.

Das schmeckt dazu:
Diese Pfannkuchen sind weich und saftig und passen gut zu einem knackigen Rohkostsalat, z.B. fein geschnittenen Karotten und Weißkohl mit Sesamsauce. Du kannst dazu auch bissfestes Pfannengemüse servieren.

Muffins mit Karotten und getrockneten Tomaten

Dieses Rezept ist einer meiner Klassiker als Vorspeise und für Picknicks. Ich backe sie oft, und sie kommen immer gut an. Die Zutaten sind zu allen Jahreszeiten erhältlich.

ERGIBT 9 MUFFINS

VORBEREITUNG: 10 MINUTEN / GARZEIT: 15 MINUTEN

1 Karotte
4 getrocknete Tomaten
10 schwarze Oliven (ohne Stein)
200 g Weizenmehl
10 g Backpulver (oder 4 g Natron)
1 gestrichener TL feines Salz
300 ml Pflanzendrink (Soja, Mandel oder Hafer)
60 ml Olivenöl
1 EL Zitronensaft
1 EL grünes Pesto (S. 56)

1. Den Backofen auf 200 °C Umluft vorheizen.

2. Die Karotte waschen und raspeln. Die getrockneten Tomaten fein hacken und die Oliven in Scheiben schneiden.

3. Mehl, Backpulver (oder Natron) und Salz in einer Schüssel verrühren. Pflanzendrink, Öl und Zitronensaft in einem Messbecher verrühren, dann zu den trockenen Zutaten gießen und mit dem Schneebesen verrühren. Gemüse und Pesto zugeben und noch einmal kurz durchrühren.

4. Den Teig auf 9 Muffinförmchen verteilen und 15 Minuten backen.

5. 10 Minuten in der Form abkühlen lassen, dann herausnehmen. Vor dem Servieren ganz abkühlen lassen.

Meine Tipps für lockere, luftige Muffins:
Das Gelingen veganer Muffins oder herzhafter Kuchen hängt von wenigen, aber wichtigen Dingen ab:

- Den Ofen gut vorheizen, damit die Muffins schön aufgehen. Ausreichende Backzeit, damit sie bis in die Mitte hinein durchgaren.
- Vor dem Servieren abkühlen lassen.
- Nur kurz rühren! Natron lässt den Teig wunderbar aufgehen. Es reagiert zunächst mit einem sauren Lebensmittel (Zitronensaft, Sojadrink) und treibt den Teig dann in der Ofenhitze in die Höhe. Wenn man zu lange rührt, bricht die erste Reaktion ab. Es muss also schnell gehen.

Grüne Bohnenpaste mit Zitrone und Chili

Weil Avocados im Anbau so viel Wasser brauchen und immer importiert werden müssen, präsentiere ich hier eine hiesige Alternative zur Guacamole.

ERGIBT 1 SCHÄLCHEN

VORBEREITUNG: 5 MINUTEN / GARZEIT: 5 MINUTEN

200 g dicke Bohnenkerne (TK)
1 Knoblauchzehe
1 Schalotte
Saft von 1 Zitrone
2 EL Olivenöl
1 gestrichener TL mildes Chilipulver
1 TL Salz
Pfeffer

1. Wasser mit etwas Salz in einem kleinen Topf zum Kochen bringen und die Bohnen darin 5 Minuten garen.

2. In der Zwischenzeit die Knoblauchzehe und die Schalotte abziehen und in einen hohen Rührbecher geben. Zitronensaft, Olivenöl, Chili, Salz und Pfeffer hinzufügen.

3. Die Bohnen mit kaltem Wasser abspülen, abtropfen lassen und in den Rührbecher geben.

4. Alles mit dem Stabmixer zu einer homogenen Creme pürieren.

Variationen:
Du kannst fein gehackte Tomate oder rote Paprika unter den Dip rühren. Anstelle der dicken Bohnen können auch Brokkoliröschen verwendet werden, die 5 Minuten in Salzwasser gegart wurden. Eiskalt abschrecken, damit sie ihre schöne grüne Farbe behalten.

Schweineohren mit Oliven und Artischocken

Dieses Rezept solltest du unbedingt ausprobieren. Es ist im Handumdrehen gemacht, kommt immer gut an und lässt sich gut abwandeln.

ERGIBT CA. 15 STÜCK

VORBEREITUNG: 10 MINUTEN / GEFRIERZEIT: 10 MINUTEN
GARZEIT: 20 MINUTEN

1 Knoblauchzehe
100 g schwarze Oliven (ohne Stein)
80 g Artischockenherzen in Öl
1 Packung veganer Blätterteig
30 g Sonnenblumenkerne
1 Handvoll frischer Koriander, gehackt

1. Die Knoblauchzehe abziehen. Die Oliven mit den Artischockenherzen und dem Knoblauch im Mixer zu einer glatten Paste verarbeiten.

2. Den Blätterteig ausrollen und mit der Paste bestreichen. Die Sonnenblumenkerne und den Koriander darauf verteilen.

3. Den Teig von zwei Längsseiten bis zur Mitte aufrollen, dann 10 Minuten in den Gefrierschrank legen, damit er sich später leicht schneiden lässt.

4. Den Backofen auf 180 °C Umluft vorheizen.

5. Den gekühlten Teig in 1 cm dicke Scheiben schneiden und diese auf ein mit Backpapier ausgelegtes Backblech legen. 20 Minuten goldbraun backen.

Tipp zum Backen:
Die Schweineohren neigen manchmal dazu, sich im Ofen zu entrollen. Das lässt sich leicht verhindern, indem du einen Zahnstocher quer hineinstichst. Zum Bestreichen kannst du auch grünes oder rotes Pesto (siehe S. 56 und 57) verwenden.

Bretonische Buchweizenröllchen

Hauchdünne Pfannkuchen aus Buchweizenmehl, die mit herzhaften Belägen serviert werden, nennt man in der Bretagne Galettes.

FÜR JE 1 GALETTE

VORBEREITUNG: 5 MINUTEN

Buchweizenröllchen mit Käse und Karotte

1 Galette (siehe S. 34) / 80 g veganer Frischkäse / 1 kleine Karotte

1. Die Galette mit dem Frischkäse bestreichen.

2. Die Karotte waschen, schälen und fein raspeln. Auf dem Käse verteilen.

3. Fest aufrollen und in dicke Scheiben schneiden. Bis zum Servieren in den Kühlschrank stellen.

Andere Zutat?
Anstelle von veganem Frischkäse kannst du auch 200 g Soja-Naturjoghurt über Nacht in einem Stück Käseleinen auf einem Sieb abtropfen lassen. Am nächsten Tag den dick-cremigen Joghurt mit Knoblauch, Kräutern und Salz abschmecken.

Buchweizenröllchen mit Hummus und Rucola

1 Galette / 80 g Hummus / 1 Handvoll Rucola

1. Die Galette mit dem Hummus bestreichen, dann den Rucola darauf verteilen.

2. Fest aufrollen und in dicke Scheiben schneiden. Bis zum Servieren in den Kühlschrank stellen.

Bunt essen!
Rucola bringt hier Würze, Knackigkeit und Farbe ins Spiel. Farbenfrohe Gerichte sehen einfach appetitlicher aus.

Radziki mit Dill

Tsatsiki mit Gurke kennen wir. Probiere zur Abwechslung einmal diese rosa Variante mit Radieschen. Sie geben dem Dip eine interessante Schärfe, und im Gegensatz zu Gurken muss man sie nicht abtropfen lassen. Das spart Zeit!

ERGIBT 1 SCHÄLCHEN

VORBEREITUNG: 5 MINUTEN / KÜHLZEIT: 30 MINUTEN

1 Bund Radieschen

1 Becher veganer Naturjoghurt

1 EL Zitronensaft

2 EL gehackter Dill (oder halb Minze, halb Dill), frisch oder TK

1 TL Salz

1 EL Olivenöl

1. Die Radieschen waschen und putzen. Mit einem Messer in kleine Stücke hacken oder mit der Küchenmaschine raspeln.

2. Die Radieschen mit den restlichen Zutaten in einer Schüssel mischen.

3. Mindestens 30 Minuten in den Kühlschrank stellen, dann als Dip genießen.

Zero-Waste-Tipp:
Wirf das Radieschengrün nicht weg! Wenn es noch schön frisch und knackig ist, kannst du daraus ein köstliches grünes Pesto zubereiten (siehe S. 56).

SAUCEN

Gemüse-Bolognese

Für den italienischen Klassiker braucht man kein Fleisch. Ich bereite diese Sauce mit Sojaschnetzeln zu, die einen angenehmen Biss haben und sehr eiweißreich sind.

FÜR 4 PERSONEN

VORBEREITUNG: 10 MINUTEN / GARZEIT: 15 MINUTEN

1 Karotte
1 große Zwiebel
2 große Knoblauchzehen
Olivenöl
100 g feine Sojaschnetzel
1 TL dunkles Miso
100 ml Rotwein (oder zusätzlich 100 ml Brühe)
500 ml Gemüsebrühe
500 ml Tomatensauce
Salz, Pfeffer

1. Die Karotte schälen und in kleine Würfel schneiden. Zwiebel und Knoblauchzehen abziehen und fein hacken. Dies alles in einer heißen Pfanne mit Olivenöl und 1 TL Salz 2 Minuten goldbraun anbraten.

2. Sojaschnetzel, Miso, Rotwein und Gemüsebrühe zugeben. Bei mittlerer bis starker Hitze 10 Minuten kochen.

3. Die Tomatensauce unterrühren, das Ganze abschmecken und bei mittlerer Hitze unter ständigem Rühren weitere 2 Minuten garen.

Variation:
Statt Sojaschnetzel kannst du 300 g gekochte Linsen mit einer Gabel grob zerdrücken, sodass ihre Konsistenz an Hackfleisch erinnert. Mit den restlichen Zutaten unter die Sauce rühren.

Schalottencreme mit Estragon und Weißwein

Diese Sauce ist großartig! Sie duftet wunderbar, ist schnell fertig und schmeckt hervorragend zu gedünstetem Gemüse, zu Spaghetti, Kürbisspalten aus dem Ofen, aber auch zu Erbsen oder grünen Bohnen.

FÜR 4 PERSONEN

VORBEREITUNG: 5 MINUTEN / GARZEIT: 8 MINUTEN

2 große Schalotten

1 EL Olivenöl

Salz

1 TL gekörnte Gemüsebrühe (oder ½ Würfel)

100 ml Weißwein

200 ml Pflanzencreme (Sahnealternative)

1 EL Estragon, frisch oder TK

1. Die Schalotten abziehen und fein würfeln. In einer heißen Pfanne mit dem Öl und 1 Prise Salz 2 Minuten braten.

2. Gemüsebrühe und Weißwein zugeben und bei starker Hitze etwa 5 Minuten vollständig einkochen lassen.

3. Pflanzencreme und Estragon zugeben, gut verrühren und noch 1 Minute köcheln, dann den Herd ausschalten. Heiß servieren.

Variation:
Du kannst den Estragon durch Basilikum, Sauerampfer oder Koriander ersetzen.

Béchamelsauce

Béchamelsauce ist unglaublich vielseitig und auch ohne tierische Zutaten leicht zuzubereiten. Weil sie schnell eindickt, solltest du unbedingt vorher alle Zutaten bereitstellen.

FÜR 1–2 PERSONEN

VORBEREITUNG: 5 MINUTEN / GARZEIT: 5 MINUTEN

1 Knoblauchzehe / 2 EL Olivenöl / 2 gestrichene EL Mehl (für eine glutenfreie Sauce 20 g Maisstärke) / 200 ml Pflanzendrink / Salz / Pfeffer

1. Die Knoblauchzehe abziehen und fein hacken.

2. Das Olivenöl und den gehackten Knoblauch in einem Topf bei mittlerer Hitze 30 Sekunden lang erhitzen, damit der Knoblauch das Öl aromatisieren kann.

3. Das Mehl auf einmal hineingeben und mit einem Holzlöffel gut verrühren.

4. Mit etwas Pflanzendrink ablöschen und gründlich verrühren. Langsam den restlichen Pflanzendrink zugießen, dabei ständig und kräftig rühren, damit sich keine Klümpchen bilden.

5. Bei mittlerer Hitze unter ständigem Rühren 5 Minuten köcheln lassen, bis die Sauce eindickt. Vom Herd nehmen und mit Salz und Pfeffer abschmecken.

Variationen für die Béchamelsauce:
- Statt Öl 20 g Margarine verwenden.
- Für mehr Aroma Mehl oder Speisestärke durch Kichererbsenmehl ersetzen.
- 10 g getrocknete gemahlene Pilze unterrühren.
- Für einen köstlichen käseähnlichen Geschmack 2 EL Hefeflocken unterrühren.

Weiße Bohnencreme

Diese Sauce kommt bei uns fast jede Woche einmal auf den Tisch, weil sie herrlich cremig ist und wenig kostet. Reich an Proteinen ist sie obendrein.

FÜR 4–5 PERSONEN

VORBEREITUNG: 5 MINUTEN

1 kleine Knoblauchzehe (oder 1 TL Knoblauchpulver) / 200 g weiße Bohnen (gekocht und abgetropft) / 1 großzügiger EL Mandelmus (oder 3 EL Olivenöl) / 3 gestrichene EL Hefeflocken / 1 TL Salz

1. Die Knoblauchzehe abziehen.

2. Alle Zutaten in einem Mixer pürieren, dabei je nach gewünschter Konsistenz allmählich 100–150 ml Wasser zugießen, bis eine homogene Creme entsteht.

3. In einem kleinen Topf bei schwacher Hitze unter Rühren erwärmen und sofort servieren.

Sesamsauce

Diese Sauce überrascht mit der zartbitteren Note des Sesams, aber glaube mir: Man wird schnell süchtig danach.

FÜR 4 PERSONEN

VORBEREITUNG: 5 MINUTEN

1 Becher veganer Naturjoghurt
1 EL Zitronensaft
2 EL Hefeflocken
1 TL Knoblauchpulver
1 gehäufter EL Tahini (Sesammus)
Schwarzkümmel zum Bestreuen (nach Belieben)
Salz, Pfeffer

1. Alle Zutaten in einer Schüssel mit dem Schneebesen verrühren und kräftig mit Salz und Pfeffer abschmecken.

2. Langsam 50–100 ml Wasser unterrühren, bis die Sauce die gewünschte Konsistenz hat. Als Brotaufstrich kann die Sauce dick und cremig bleiben, als Dressing für Rohkostsalate oder Bowls brauchst du mehr Wasser.

Das passt dazu:
Beide Saucen schmecken herrlich zu Salzkartoffeln, rohem oder gekochtem Gemüse, in einem Nudelauflauf, auf Toast und sogar auf einer Pizza! Sie kann in einem luftdichten Behälter im Kühlschrank 1 Woche aufbewahrt werden.

Grünes Pesto

Weil Basilikum vergleichsweise teuer ist, bereite ich nur selten Pesto nach klassischem Rezept zu. Stattdessen bediene ich mich bei allen möglichen Pflanzen. Das ist übrigens auch eine clevere Möglichkeit, Kindern grünes Blattgemüse schmackhaft zu machen.

ERGIBT 1 SCHÄLCHEN

VORBEREITUNG: 5 MINUTEN

150 g grünes Blattgemüse (Radieschenblätter, Rucola, Mangold, Spinat, Feldsalat, Kräuter aus dem Garten …) / 1 Knoblauchzehe / 3 EL Hefeflocken / 30 g Kürbis- oder Sonnenblumenkerne / 1 TL Salz / 80–100 ml Olivenöl

1. Die Blätter waschen und gut trocken schleudern. Die Knoblauchzehe abziehen.

2. Alle Zutaten in der Küchenmaschine oder mit dem Stabmixer pürieren, dabei allmählich nur so viel Olivenöl zugeben, bis die gewünschte Konsistenz erreicht ist.

3. Das Pesto kann 1 Woche im Kühlschrank aufbewahrt werden. Die grünen Blätter müssen immer mit einer dünnen Schicht Öl bedeckt sein, damit sie sich nicht bräunlich verfärben.

Rotes Pesto

Der Essig gibt diesem Pesto seine besondere Note.

ERGIBT 1 SCHÄLCHEN

VORBEREITUNG: 5 MINUTEN

1 kleine Knoblauchzehe / 150 g getrocknete Tomaten in Öl / 4 EL Öl (von den getrockneten Tomaten) / 1 EL Hefeflocken / 30 g Sonnenblumenkerne / 1 TL Balsamicoessig / 1 EL frisch gehacktes Basilikum

1. Die Knoblauchzehe abziehen.

2. Alle Zutaten in einer Küchenmaschine oder mit einem Stabmixer zu einem homogenen Pesto verarbeiten.

3. Das Pesto hält sich im Kühlschrank etwa 6 Tage.

Verwendung:
Als Brotaufstrich oder zum Bestreichen des Bodens einer Gemüsetarte.

Noch mehr Ideen:
Streiche das Pesto statt Tomatensauce auf eine Pizza, serviere es zu kurz gegarten Zucchininudeln, gib es an Taboulé oder würze damit einen herzhaften Muffinteig (in diesem Fall kein Öl an den Teig geben).

Orangen-Ingwer-Dressing

Ich verwende gern frischen Orangensaft für Vinaigrette, weil er dem Dressing eine angenehm süß-säuerliche Note gibt.

FÜR 4 PERSONEN

VORBEREITUNG: 5 MINUTEN

1 Saftorange
3 cm frischer Ingwer
1 Knoblauchzehe
50 ml Sesamöl
2 EL Sojasauce
1 TL Salz
Pfeffer aus der Mühle

1. Die Orange auspressen, den Saft in eine Schüssel geben.

2. Ingwer mit einem Sparschäler schälen und fein reiben. Die Knoblauchzehe abziehen und klein schneiden.

3. Beides zum Orangensaft geben. Sesamöl, Sojasauce zufügen und alles gut verrühren. Mit Salz und Pfeffer aus der Mühle abschmecken.

Mayonnaise

Ich bereite dieses Rezept schon seit mehreren Jahren zu und habe es nie verändert, denn es erfüllt alle Anforderungen: Es geht schnell, man braucht nur Zutaten aus dem Vorrat, die Mayonnaise schmeckt gut und hält sich im Kühlschrank etwa 1 Woche.

FÜR 1 SCHÄLCHEN

VORBEREITUNG: 5 MINUTEN

100 ml Öl (geschmacksneutrales Öl oder eine Mischung aus Raps- und Olivenöl für eine herzhaftere Mayonnaise)

100 ml kalte Sojacreme (Sahnealternative)

1 gehäufter EL Senf

1 gestrichener TL Salz

Pfeffer aus der Mühle

Alle Zutaten im Standmixer oder mit dem Stabmixer zu einer festen Mayonnaise verarbeiten.

Varianten für die oben angegebene Menge Mayonnaise:

Aioli
2 abgezogene Knoblauchzehen mit den übrigen Zutaten pürieren.

Remoulade
Zum Grundrezept 1 EL Weinessig geben und gut unterrühren. Dann 1 EL Kapern, 1 EL frischen Estragon und 2 Gewürzgurken dazugeben. Noch einmal kurz mixen, nicht fein pürieren.

Pikant
Zum Grundrezept 1 TL Tomatenmark und 1 Msp. Piment d'Espelette (oder anderes Chilipulver) geben.

VORSPEISEN

Artischockencremesuppe mit Haselnüssen

Eine köstlich-cremige Suppe aus Zutaten, die umwerfend gut miteinander harmonieren.

FÜR 4 PERSONEN

VORBEREITUNG: 10 MINUTEN / GARZEIT: 15 MINUTEN

1 kleine Stange Lauch
1 mittelgroße Kartoffel
2 EL Olivenöl
1 TL Salz
300 g Artischockenherzen (TK)
1 Würfel Gemüsebrühe
100 ml Pflanzencreme (Sahnealternative)
2 EL Haselnussmus
Salz, Pfeffer
geröstete Haselnüsse zum Garnieren

1. Den Lauch waschen und in dünne Ringe schneiden, dabei die Wurzel und das harte Grün entfernen. Die Kartoffel schälen und in kleine Würfel schneiden.

2. Das Olivenöl in einem großen Topf erhitzen und den Lauch darin 5 Minuten dünsten. 1 TL Salz zugeben.

3. Die noch gefrorenen Artischockenherzen, die Kartoffel und den Brühwürfel zugeben und mit 800 ml heißem Wasser aufgießen. Alles gut verrühren und 10 Minuten bei mittlerer Hitze kochen.

4. Die Pflanzencreme und das Haselnussmus unterrühren und erhitzen. Den Herd ausschalten und die Suppe mit dem Stabmixer fein pürieren. Mit Salz und Pfeffer abschmecken.

5. Mit gerösteten Haselnüssen garnieren.

Tipp:
Artischockenherzen kann man im Glas oder in der Dose kaufen, aber auch frische (wenn du die Geduld hast, sie zu kochen!) sind gut geeignet. Wenn die Suppe gehaltvoller werden soll, gib eine kleine Dose kleine weiße Bohnen (abgetropft) nach dem Pürieren dazu. Dann die Suppe nochmals 2–3 Minuten gut durchwärmen.

Spargel mit Miso, Sesam und Ingwer

Es ist gar nicht so einfach, eine Sauce zu finden, die den feinen Geschmack des Spargels unterstreicht, statt ihn zu überlagern. Wie wäre es mit diesem exotisch duftenden Rezept?

FÜR 4 PERSONEN

VORBEREITUNG: 5 MINUTEN / GARZEIT: 10 MINUTEN

450 g grüner Spargel
2 EL Olivenöl
1 Prise Salz
1 kleine Knoblauchzehe
1 EL helles Miso
2 EL Sesamöl
2 EL Reisessig
2 EL frisch gehackter Ingwer
1 EL weiße Sesamsaat

1. Die harten Enden der Spargelstangen abschneiden (ca. 3 cm) und eventuell das untere Drittel schälen. Den Spargel in Stücke schneiden und unter fließendem Wasser abspülen.

2. Das Olivenöl in einem Topf erhitzen und den Spargel mit 1 Prise Salz ca. 8 Minuten dünsten, bis er gar, aber noch etwas bissfest ist.

3. In der Zwischenzeit die Sauce zubereiten. Den Knoblauch abziehen und fein hacken. Miso, Sesamöl und Reisessig in einer Schüssel verrühren. Ingwer, Knoblauch und Sesam hinzufügen. Verquirlen und über den Spargel in die Pfanne gießen.

4. Alles vorsichtig verrühren. Die Sauce 1–2 Minuten gut durchwärmen, dann heiß servieren.

Zeit sparen!
Die Sauce schmeckt auch zu gut abgetropftem Spargel aus dem Glas.

Gegrillte Pomelo mit Ahornsirup und Mandeln

Herbe Pomelo und süßer Ahornsirup bilden eine interessante Geschmackskombination, und die Mandeln steuern den knackigen Biss bei. Eine raffinierte Vorspeise!

FÜR 4 PERSONEN

VORBEREITUNG: 5 MINUTEN / GARZEIT: 3 MINUTEN

2 Pomelos
4 TL Ahornsirup
40 g gehobelte Mandeln

1. Den Backofengrill vorheizen.

2. Die Pomelos halbieren und mit der Schnittfläche nach oben in eine passende ofenfeste Form legen.

3. Die Schnittflächen mit einer Gabel einstechen und auf jede Pomelohälfte 1 Teelöffel Ahornsirup träufeln. Mit Mandelblättchen bestreuen.

4. 3 Minuten unter den Grill schieben, bis die Mandeln goldbraun sind. Gut aufpassen, dass die Mandeln nicht zu dunkel werden (die Leistung des Grills kann je nach Hersteller variieren).

Zum Servieren:
Als geschmackliches Gegengewicht zur zartbitteren Pomelo kannst du einen Feldsalat servieren, der mit Granatapfelkernen garniert ist.

Champignonschnitten mit Knoblauchbutter

Seit Jahren bereite ich jedes Jahr zu Weihnachten diese Pilze nach Weinbergschnecken-Art zu und serviere sie in kleinen Gläsern. Ein wirklich gutes Brot dazu, und fertig ist eine Vorspeise, die Eindruck macht.

FÜR 2 PERSONEN

VORBEREITUNG: 10 MINUTEN / GARZEIT: 15 MINUTEN

4 kleine Scheiben Bauernbrot, 1 cm dick

150 g braune Champignons (oder andere Pilze nach Geschmack)

1 EL Olivenöl

2 EL Pflanzencreme (Sahnealternative)

Salz, Pfeffer

Für die Knoblauchbutter:

1 Knoblauchzehe

30 g Margarine, zimmerwarm

½ TL Salz

2 EL gehackte Petersilie oder Schnittlauchröllchen

1. Den Backofen auf 180 °C Umluft vorheizen. Die Brotscheiben auf ein Backblech legen.

2. Die Pilze putzen, in Scheiben schneiden und im Öl 8 Minuten anbraten, bis sie Saft abgegeben haben. Die Pflanzencreme zugießen, das Ganze salzen, pfeffern und gut verrühren. Vom Herd nehmen.

3. Für die Knoblauchbutter die Knoblauchzehe abziehen und hacken. In einer Schüssel Margarine, Salz, gehackten Knoblauch und Kräuter mit einer Gabel verrühren.

4. Die Knoblauchbutter auf die Brotscheiben streichen und mit den Pilzen belegen, dabei mit einer Gabel etwas andrücken.

5. 6 Minuten im Ofen überbacken. Dazu passt ein grüner Salat.

Festliche Variante:
Für ein feierliches Essen könntest du die Pilze in Schneckenformen legen, mit Flöckchen der Knoblauchbutter belegen und im Ofen überbacken. Dazu ein gutes Brot servieren. Das Auge isst schließlich mit!

Bohnenschnitten mit Tomaten und Oliven

Der sättigende Klassiker »Baked Beans« in einer besonders schnellen Version. Wichtig ist, ein wirklich gutes Brot zu verwenden.

FÜR 2 PERSONEN

VORBEREITUNG: 5 MINUTEN / GARZEIT: 10 MINUTEN

4 kleine Scheiben Bauernbrot, 1 cm dick

50 g schwarze Oliven (ohne Stein)

einige Stängel glatte Petersilie

240 g abgetropfte weiße Bohnen (Konserve)

100 g Tomatensauce

Olivenöl

1. Den Backofen auf 180 °C Umluft vorheizen. Die Brotscheiben auf ein Backblech legen.

2. Die schwarzen Oliven und die Petersilie hacken.

3. Weiße Bohnen, Tomatensauce, Petersilie und Oliven in einer Schüssel mischen.

4. Auf die Brotscheiben verteilen, mit Olivenöl beträufeln und 10 Minuten überbacken.

Guter Begleiter:
Serviere zu den milden weißen Bohnen einen pikanten Rucolasalat oder einen Frisée mit würzigem Dressing.

Linsenterrine mit eingelegten Artischocken

Diese Kombination aus Linsen und Artischocken ist aus gutem Grund ein Klassiker der veganen Küche. Serviert man karamellisierte Zwiebeln und gutes Brot dazu, fühlt man sich wie Gott in Frankreich.

FÜR 4 PERSONEN

VORBEREITUNG: 10 MINUTEN / GARZEIT: 5 MINUTEN
KÜHLZEIT: 15 MINUTEN

50 g Schalotten (oder 1 kleine Zwiebel)
2 Lorbeerblätter
3–4 getrocknete (oder frische) Salbeiblätter
Salz
1 EL Olivenöl
220 g gegarte Linsen (Konserve)
1 EL Tamari (oder Sojasauce)
1 TL helles Miso
1 gehäufter EL fein gemahlene Leinsamen (nach Belieben)
100 g Artischockenherzen in Öl
Pfeffer

1. Die Schalotten (oder die Zwiebel) abziehen und in Ringe schneiden. Mit Lorbeerblättern, Salbei und einer Prise Salz in einer Pfanne mit dem Öl anbraten.

2. Abgetropfte Linsen, Tamari, Miso, Leinsamen und Schalotten (Lorbeer und Salbei vorher entfernen) in einem Mixer in mehreren Intervallen grob zerkleinern, aber nicht zu glatt pürieren.

3. Die abgetropften Artischockenherzen in Stücke schneiden und zugeben und nochmals kurz durchmixen. Mit Salz und Pfeffer abschmecken.

4. In ein Glas füllen und mindestens 15 Minuten kühl stellen. Zum Servieren die Terrine stürzen.

Tipp:
Wenn Leinsamen mit Feuchtigkeit in Berührung kommen, bilden sie einen Schleim, der die übrigen Zutaten bindet. Hier tragen sie dazu bei, dass sich die Masse gut aus der Form lösen lässt. Du kannst das Rezept aber auch ohne Leinsamen zubereiten und als Brotaufstrich verwenden!

Gefüllte Paprikaschoten ohne Kochen

Die knackige Paprika bildet ein tolles Gegengewicht zum mild-bitteren Grieß.

FÜR 4 PERSONEN

VORBEREITUNG: 15 MINUTEN

90 g Buchweizengrieß
1 TL Salz
50 g ganze Mandeln mit Haut
2 kleine rote oder gelbe Paprikaschoten
100 g fermentierter Tofu mit Tamari

Für die Vinaigrette:
2 Schalotten
3 EL Olivenöl
Saft und Schale von ½ Bio-Zitrone
2 EL frisch gehackte Minze
Pfeffer aus der Mühle

1. Grieß und Salz in einer Schüssel mischen. 100 ml kochendes Wasser darübergießen. Zugedeckt 5 Minuten quellen lassen.

2. Die Mandeln hacken.

3. Für das Dressing die Schalotten abziehen und sehr fein hacken.

4. Olivenöl, Zitronensaft und -schale, Schalotten und Minze in einer Schüssel verrühren. Mit Pfeffer würzen.

5. Die Paprikaschoten waschen, die Schoten längs halbieren und den Stielansatz herausschneiden. Mit dem Messer die weißen Teile und Kerne entfernen. Die Paprikahälften in eine Schüssel legen.

6. Den Tofu über den gequollenen Grieß bröseln, die Mandeln und die Vinaigrette dazugeben und alles gut vermengen. Die Masse auf die Paprikahälften verteilen und bis zum Servieren kühl stellen.

Variation:
Wer keinen Tofu im Haus hat, kann Kichererbsen (kleine Dose) abtropfen lassen und diese unter die Grießmasse mischen.

Champignonspieße nach Yakitori-Art

Yakitori ist ein Sammelbegriff für verschiedene Fleischspießrezepte. Traditionell wird die Marinade mit Sake oder Mirin zubereitet. Hier stelle ich eine Version mit Zutaten vor, die man meist im Vorratsschrank hat.

FÜR 6–7 KLEINE SPIESSE

VORBEREITUNG: 10 MINUTEN / GARZEIT: 3–5 MINUTEN

200 g braune Champignons (etwa gleich groß)
1 kleine Knoblauchzehe
1 gestrichener EL heller Rohrohrzucker
2 EL Sojasauce
2 EL Weißwein
2 EL Sesamöl
2 EL helle Sesamsaat
1 EL frisch gehackte Petersilie

1. Die Pilzstiele entfernen und die Pilzhüte bei Bedarf mit Küchenpapier vorsichtig abreiben.

2. Die Knoblauchzehe abziehen und hacken. Den Zucker in der Sojasauce auflösen, dann Weißwein und Sesamöl dazugeben und verrühren. Die Pilze darin wenden. Auf die Spieße stecken.

3. Eine große Pfanne stark erhitzen. Die Spieße darin anbraten, dabei mehrmals wenden.

4. Die Marinade darübergießen und 1 Minute einkochen lassen, dann die Spieße darin wenden. Vorsicht, die Sauce brennt leicht an.

5. Mit Sesam und frischer Petersilie garniert servieren.

Lieber braune Champignons:
Braune Champignons geben beim Garen weniger Wasser ab als ihre weißen Verwandten und sie halten sich länger.

Grünkohlsalat mit Gurke und Wakame

Dieser nährstoffreiche Salat punktet durch die interessante Kombination von Wakame (Braunalgen) und Grünkohl. Er eignet sich gut für Menschen, die sich an den Geschmack von Algen noch gewöhnen müssen.

FÜR 4 PERSONEN

VORBEREITUNG: 10 MINUTEN

½ Salatgurke
1 kleiner Grünkohl
2 EL Wakameflocken
1 gestrichener TL feines Salz
1 EL Sesamöl (oder Olivenöl)
helle und schwarze Sesamsaat zum Bestreuen

Für das Dressing:
1 kleine Knoblauchzehe
1 EL Tahini (Sesammus)
1 EL Zitronensaft

1. Die halbe Gurke waschen und ungeschält in kleine Würfel schneiden.

2. Den Strunk des Grünkohls entfernen und die Blätter waschen. Gut abtrocknen und grob hacken. Mit den Algen, dem Salz und dem Sesamöl in eine Salatschüssel geben. 2 Minuten lang kräftig kneten, damit die Kohlfasern brechen und die Stücke geschmeidiger werden.

3. Für das Dressing die Knoblauchzehe abziehen und hacken. Tahini, Zitronensaft, gehackten Knoblauch und 3 EL Wasser in einer Schüssel verrühren.

4. Die Gurkenwürfel und das Dressing zum Grünkohl geben. Gut vermengen und sofort servieren.

Variation:
Statt Sesammus kannst du auch Mandelmus verwenden, dann schmeckt das Ganze milder.

Rohkostsalat mit Walnüssen

Vor allem bei ganz einfachen Rezepten kommt es wirklich auf die Qualität der Zutaten an. Ich empfehle, Walnüsse mit Schale zu kaufen und frisch zu knacken.

FÜR 2 PERSONEN (ODER FÜR 4 ALS BEILAGE)

VORBEREITUNG: 10 MINUTEN

1 Kohlrabi
2 säuerliche grüne Äpfel
40 g Walnusskerne
1 Handvoll Rucola
2 EL Olivenöl
1 EL Apfelessig
½ TL Salz

1. Den Kohlrabi schälen und in 1 cm dicke Würfel schneiden. In eine Salatschüssel geben.
2. Die Äpfel waschen und ungeschält ebenfalls in kleine Würfel schneiden. Zum Kohlrabi geben.
3. Die Walnusskerne hacken und zusammen mit dem gewaschenen Rucola dazugeben.
4. Mit Olivenöl und Essig beträufeln, leicht salzen und gut vermengen.

Vollnussig:
Besonders gut schmeckt dieser Salat mit kalt gepresstem Walnussöl, das herrlich aromatisch ist, allerdings auch recht kostspielig. Ein EL voll genügt – und dazu ein weiterer EL eines milderen Öls.

Lauch mit Schalotten-Vinaigrette

Dies ist ein bodenständiger Klassiker aus Frankreich, bei dem du auf die Qualität der Zutaten achten solltest. Dir wird das Wasser im Mund zusammenlaufen.

FÜR 4–5 PERSONEN

VORBEREITUNG: 10 MINUTEN / GARZEIT: 10 MINUTEN

2 Stangen Lauch
4 große Schalotten
3 EL Weinessig
9 EL Olivenöl
Saft und abgeriebene Schale von ½ Bio-Zitrone
Salz, Pfeffer
½ Bund glatte Petersilie

1. Die Enden des Lauchs abschneiden. Den Lauch der Länge nach aufschlitzen und gründlich unter fließendem Wasser waschen, um Erdreste zwischen den Blättern zu entfernen. Jede Lauchstange in 3 Stücke schneiden. Mit 1 Teelöffel Salz in einen Topf geben und 200 ml Wasser hinzufügen. Zugedeckt bei mittlerer Hitze 10 Minuten dünsten. Der Lauch soll auf der Zunge zergehen.

2. In der Zwischenzeit die Schalotten abziehen, fein würfeln und in eine Schüssel geben. Essig, Olivenöl, Zitronensaft und -schale zugeben. Mit Salz und Pfeffer würzen.

3. Den gegarten Lauch abtropfen lassen und in eine Schüssel geben. Noch warm mit der Vinaigrette übergießen und behutsam mischen.

4. Die Petersilie waschen, trocken schütteln, hacken und vor dem Servieren über das Gericht streuen.

Tipp:
Sehr wichtig ist, den Lauch mit der Vinaigrette zu übergießen, solange er noch warm ist. Beim Abkühlen nimmt er dann die Aromen auf und wird unglaublich lecker. Spare nicht an Schalotten, denn sie geben dem Gericht die richtige Würze.

Panzanella

Panzanella ist ein toskanischer Salat, für den Weißbrot vom Vortag benötigt wird – eine gute Resteverwertung! Er sieht verlockend aus und duftet verführerisch.

FÜR 4 PERSONEN

VORBEREITUNG: 10 MINUTEN / RUHEZEIT: 10 MINUTEN

300 g Weißbrot vom Vortag (frisches Brot kann unter dem Grill getrocknet werden)

400 g Tomaten, am besten in verschiedenen Farben

1 kleine Salatgurke oder 1 Landgurke

½ rote Zwiebel

8 schwarze Oliven (ohne Stein)

2 EL Weinessig

1 TL Salz

6 EL Olivenöl

einige Blätter Basilikum

Pfeffer

1. Das Brot in 2 cm dicke Würfel schneiden. Die Tomaten vierteln und die Gurke, gewaschen, aber ungeschält, in Würfel schneiden. Die Zwiebel abziehen und fein hacken. Die Oliven in Ringe schneiden.

2. Den Weinessig in eine Schüssel geben und das Salz darin unter Rühren auflösen. Olivenöl und 100 ml Wasser zugießen, dann alle Salatzutaten hinzufügen.

3. Alles gut vermengen. Mit Basilikum und Pfeffer bestreuen. 10 Minuten ziehen lassen und servieren.

Vorbereiten:
Du kannst den Salat schon am Vortag zubereiten. Dann wird das Brot noch weicher und aromatischer. Ich verwende gern Sauerteigbrot, das schmeckt uns besonders gut.

HAUPTGERICHTE

Palak Paneer mit Tofu

Dieses Gericht ist eine Abwandlung einer indischen Spezialität, die normalerweise mit indischem Frischkäse, dem Paneer (auch Panir), zubereitet wird. Als Ersatz eignet sich Tofu ganz prima, da er fast die gleiche Konsistenz hat und ebenfalls wertvolle Proteine beisteuert.

FÜR 4 PERSONEN

VORBEREITUNG: 15 MINUTEN / GARZEIT:12 MINUTEN

400 g Tofu (natur)
500 g frischer Spinat
2 Zwiebeln
2 Knoblauchzehen
1 Stück frischer Ingwer
2 EL Sonnenblumenöl
2 TL Salz
1 EL Garam Masala
1 EL gemahlener Kreuzkümmel
Pfeffer
200 ml Pflanzencreme (Sahnealternative)
200 g gehackte Tomaten (Konserve)
1 EL Zitronensaft
2 gehäufte EL Hefeflocken

1. Sehr festen Tofu zunächst 2 Minuten in Salzwasser kochen, damit er etwas weicher wird.

2. Den Spinat waschen und gut abtropfen lassen. Den Tofu in Würfel schneiden. Die Zwiebeln und den Knoblauch abziehen und fein würfeln. Den Ingwer dünn schälen und fein hacken.

3. 2 EL Öl in einer Pfanne erhitzen. Die Zwiebeln und den Knoblauch mit 1 TL Salz darin 3 Minuten dünsten, bis die Zwiebeln glasig sind.

4. Tofu, Garam Masala, Kreuzkümmel und etwas Pfeffer zugeben. Gut umrühren und 2 Minuten braten. Danach den Spinat unterheben und erhitzen, bis dieser zusammenfällt.

5. Pflanzencreme, gehackte Tomaten, Zitronensaft und Hefeflocken in einer Schüssel verrühren, dann in die Pfanne gießen. Weitere 2 Minuten gut durchwärmen lassen und sofort servieren. Dazu passt Reis.

Zeit sparen:
In vielen Rezepten für Palak Paneer wird der Spinat püriert und dann mit dem Tofu vermischt. Um Zeit zu sparen, habe ich diesen Schritt übersprungen. Geschmacklich macht das ohnehin keinen Unterschied!

Süßkartoffel-Karotten-Püree mit gerührtem Tofu

Dies ist ein Wohlfühlgericht für Kinder und Erwachsene. Das Püree hat eine geradezu sonnige Farbe, und sein süßlicher Geschmack passt gut zu den Gewürzen des Tofus nach Rührei-Art.

FÜR 4 PERSONEN

VORBEREITUNG: 15 MINUTEN / GARZEIT: 20 MINUTEN

400 g Süßkartoffeln
400 g Karotten
500 g fester Tofu (natur)
Salz
2 Knoblauchzehen
1 gestrichener TL gemahlene Kurkuma
Pfeffer aus der Mühle
Olivenöl
200 ml Sojacreme
100 g Mandelmus (eher flüssig)
Olivenöl

1. Salzwasser in einem Topf zum Kochen bringen.

2. In der Zwischenzeit die Süßkartoffeln und Karotten waschen und schälen. Den Tofu 5 Minuten in das kochende Wasser geben.

3. Die Süßkartoffeln in kleine Würfel und die Karotten in dünne Scheiben schneiden. In einen zweiten Topf geben. 1 TL Salz und 200 ml Wasser zufügen und 10 Minuten bei mittlerer Hitze kochen, bis die Stücke zu zerfallen beginnen.

4. Die Knoblauchzehen abziehen und hacken. Den Tofu abtropfen lassen und in eine Schüssel geben. Mit einer Gabel grob zerdrücken, dabei 1 Prise Salz, gehackten Knoblauch, Kurkuma und Pfeffer zugeben. Gut verrühren.

5. 2 EL Öl in einer Pfanne erhitzen. Den Tofu zugeben und unter gelegentlichem Rühren 5 Minuten braten. Die Sojacreme zugießen, dann den Herd ausschalten und den Deckel auflegen.

6. Süßkartoffeln und Karotten stampfen oder pürieren. Das Mandelmus unterrühren, das Püree mit Salz und Pfeffer abschmecken und mit dem Tofu servieren.

Konsistenz wie Rührei:
Manche Tofusorten sind sehr weich und müssen nicht vorgekocht werden, sondern können direkt in die Schüssel gebröselt werden. Bei festem Tofu solltest du dir die Zeit zum Vorkochen nehmen, damit er richtig schön cremig wird.

Linsen-Pilz-Bratlinge

Dies ist ein Rezept mit Zutaten, die man meist im Vorrat hat. Es ist sehr preisgünstig und lässt sich gut abwandeln. Linsen sollte man ohnehin immer im Haus haben!

FÜR 4 BRATLINGE

VORBEREITUNG: 10 MINUTEN / KÜHLZEIT: 15 MINUTEN
GARZEIT: 5 MINUTEN

- 400 g gegarte Linsen (Abtropfgewicht)
- 10 g getrocknete Pilze, eingeweicht (z. B. Steinpilze oder Shiitake)
- 2 gehäufte EL gemahlene Leinsamen (oder 2 EL Speisestärke)
- 1 EL Tamari
- 1 gehäufter EL Hefeflocken
- 1 TL gekörnte Gemüsebrühe
- 1 TL Knoblauchpulver
- ½ TL Salz
- Pfeffer
- 1 EL Olivenöl + mehr Öl zum Braten

1. Die abgetropften Linsen und Pilze mit Leinsamen, Tamari, Hefeflocken, Gemüsebrühe, Knoblauchpulver, Salz, Pfeffer und 1 EL Olivenöl in einen Mixer geben und grob zerkleinern.

2. In eine Schüssel umfüllen und 15 Minuten an einem kühlen Ort ruhen lassen. In dieser Zeit dickt die Masse durch die Leinsamen (oder die Speisestärke) an, und die Bratlinge lassen sich leichter formen (man kann sie auch länger kühl stellen).

3. Mit feuchten Händen 4 große Bällchen formen und diese leicht flach drücken.

4. Die Bratlinge 5 Minuten in einer heißen, gut eingeölten Pfanne braten; nach der Hälfte der Zeit wenden.

Einfrieren und variieren:
Die Bratlinge können fertig geformt, aber ungebraten eingefroren werden. Die Kühlzeit kannst du in dem Fall überspringen, aber sie sind dann etwas schwieriger zu formen.
Du kannst aus der Masse auch kleine Bällchen formen und im Backofen garen. Alternativ die Mischung ohne Speisestärke zubereiten, in eine ofenfeste Form geben, mit einer Schicht cremigem Kartoffelpüree bedecken und überbacken.

Gemüse-Pilaw mit Tandoori-Gewürzen

Pilaw ist ein unglaublich einfaches Gericht, weil alles in einer Pfanne gegart wird – perfekt für ein schnelles Abendessen mit wenig Spülaufwand hinterher.

FÜR 4 PERSONEN

VORBEREITUNG: 10 MINUTEN / GARZEIT: 12 MINUTEN

1 große rote Zwiebel

1 Knoblauchzehe

Olivenöl

1 gehäufter TL Tandoori Masala (Gewürzmischung)

2 mittelgroße Zucchini

4 Karotten

240 g Reis mit 10 Minuten Garzeit, z. B. Basmati

80 g Rosinen

500 ml heiße Gemüsebrühe

1. Zwiebel und Knoblauch abziehen und fein hacken. In einer Pfanne mit etwas Olivenöl mit dem Tandoori-Gewürz bei schwacher Hitze anbraten.

2. Das Gemüse putzen. Zucchini grob und Karotten fein raspeln und beides in die Pfanne geben. Gut umrühren, damit sich die Gewürze verteilen.

3. Reis und Rosinen zugeben und die Brühe angießen. 10 Minuten zugedeckt kochen lassen. Falls die Sache zu trocken wird, gegen Ende etwas Wasser zugeben und final abschmecken.

Extra Proteine:
Proteinreicher wird das Gericht, wenn du gewürfelten Tofu zusammen mit dem Gemüse anbrätst oder 2 Minuten vor Ende der Garzeit eine Dose abgetropfte Kichererbsen hinzufügst.

Sojageschnetzeltes mit Miso und zartem Gemüse

Bewahre dieses Rezept gut auf, denn wenn du einmal entdeckt hast, wie einfach Sojaschnetzel oder -würfel zuzubereiten sind, werden sie bestimmt öfter auf dem Speiseplan stehen. Sie können rund ums Jahr mit jedem Gemüse kombiniert werden, das gerade Saison hat.

FÜR 4 PERSONEN

VORBEREITUNG: 10 MINUTEN / GARZEIT: 18 MINUTEN

4 Karotten
240 g grobe Sojaschnetzel
1 EL gekörnte Gemüsebrühe
1 TL Knoblauchpulver
1 EL dunkles Miso
2 Handvoll frischer Blattspinat
1 EL Speisestärke

1. Die Karotten putzen, schälen und in kleine Würfel schneiden.

2. Die Karotten und die Sojaschnetzel in einen Topf geben.

3. Gemüsebrühe, Knoblauchpulver und Miso in einem Messbecher mit 750 ml heißem Wasser verrühren.

4. In den Topf geben, abdecken und ca. 15 Minuten kochen, bis nur noch wenig Flüssigkeit übrig ist – gerade genug für etwas Sauce.

5. Den gewaschenen Spinat untermischen und mit Speisestärke bestäuben. Vorsichtig umrühren, damit der Spinat zusammenfällt und die Sauce etwas eindickt.

6. Heiß servieren.

Tipp:
Bei diesem Rezept kommt es auf die Brühe an. Sie muss kräftig gewürzt sein, denn die Schnetzel saugen sie auf und nehmen somit ihren Geschmack an. Die Konsistenz von Sojaschnetzeln und -würfeln kann je nach Hersteller variieren.

Spaghetti mit Linsen-Bolognese

Alles, was für dieses Rezept benötigt wird, hat man normalerweise im Vorratsschrank. Schnell, einfach und köstlich!

FÜR 4 PERSONEN

VORBEREITUNG: 5 MINUTEN / GARZEIT: 10–12 MINUTEN

200 g Spaghetti
300 g fertige Tomatensauce
350 g gegarte Linsen (Abtropfgewicht)
2 EL Sojasauce
Salz
Hefeflocken
4 EL gehackte Petersilie (oder 2 EL getrocknete Petersilie)

1. Salzwasser in einem Topf zum Kochen bringen. Die Nudeln darin gemäß Packungsangabe bissfest garen.

2. Derweil Tomatensauce, Linsen und Sojasauce in einen weiteren Topf geben und sanft 5 Minuten erhitzen. Mit Salz abschmecken.

3. Die Nudeln abgießen, aber nicht abspülen, damit die Sauce gut haftet, und zurück in den Topf geben. Die Linsen-Bolognese zugeben und gut verrühren.

4. Mit Hefeflocken (für den Käsegeschmack) und Petersilie bestreuen.

Nährstoffreich:
Wenn du getrocknete Linsen verwendest, rechne mit 60 g pro Person. Kalt aufsetzen und ohne Salz 20 Minuten kochen.
Linsen sind reich an Proteinen und enthalten Eisen, das am besten aufgenommen wird, wenn man es zusammen mit Vitamin-C-haltigen Lebensmitteln verzehrt. Darum gebe ich reichlich Petersilie an die Bolognese. Alternativ kannst du frisches Obst als Dessert servieren.

Orecchiette mit Erbsen in Zitronen-Estragon-Sauce

Manchmal genügt es schon, eine andere Nudelform zu verwenden, um für Abwechslung zu sorgen. Orecchiette (»Öhrchen«) haben eine Höhlung, die Sauce und Erbsen aufnimmt. Das sieht hübsch aus! Pasta mit Zitrone ist ein italienischer Klassiker. Die Säure der Zitrone gleicht die Süße der Erbsen aus.

FÜR 4 PERSONEN

VORBEREITUNG: 10 MINUTEN / GARZEIT: 8–10 MINUTEN

400 g Orecchiette
400 g frische Erbsen
50 g Margarine
Saft und abgeriebene Schale von 2 Bio-Zitronen
200 ml Pflanzencreme (Sahnealternative)
2 EL frisch gehackter Estragon (oder Basilikum)
Salz, Pfeffer

1. Wasser mit etwas Salz in einem großen Topf zum Kochen bringen. Die Nudeln zugeben. Nach 2 Minuten Kochzeit die Erbsen zufügen und weitere 6 Minuten kochen lassen. Die Nudeln sollten nun al dente sein.

2. In der Zwischenzeit die Margarine in einer Pfanne zerlassen. Zitronensaft und -schale zugeben, aufschäumen lassen, dann Pflanzencreme, Estragon und 1 Prise Salz und Pfeffer unterrühren. Auf kleiner Flamme köcheln lassen.

3. Die Nudeln und Erbsen abgießen und in die Sauce geben. Gut umrühren, nochmals abschmecken und sofort servieren.

Tipp:
Es ist grundsätzlich besser, die Nudeln in die Sauce zu geben – nicht umgekehrt. Die Nudeln werden abgegossen, aber nicht abgespült. Das ist wichtig, damit die Sauce besser an ihnen haftet.

Pappardelle mit Rucola, Walnüssen und Miso

Diese ungewöhnliche Kombination habe ich vor einigen Jahren per Zufall ausprobiert. Inzwischen kochte ich das schnelle, einfache Rezept immer dann, wenn ich Lust auf eine Sauce habe, die mich an Roquefort erinnert – ja, du hast richtig gelesen!

FÜR 4 PERSONEN

VORBEREITUNG: 10 MINUTEN / GARZEIT: 7 MINUTEN

500 g Pappardelle
200 ml Sojacreme
2 EL dunkles Miso (aus Reis oder Gerste)
2 EL Tahini (Sesammus)
2 Handvoll Rucola
100 g Walnusskerne, grob gehackt

1. Salzwasser in einem großen Topf zum Kochen bringen. Die Nudeln darin gemäß Packungsangabe al dente garen.

2. Für die Sauce Sojacreme, Miso und Tahini in einem Topf verrühren und bei schwacher Hitze 2 Minuten unter Rühren köcheln.

3. Die Nudeln abgießen, aber nicht abspülen, und mit den Walnüssen in die Sauce geben. Gut umrühren, mit Rucola bestreuen und sofort servieren.

Interessante Zutat:
Dunkles Miso gibt Brühen und Saucen ein tolles Aroma. Es hält sich sehr lange, darum solltest du immer eine Packung im Kühlschrank haben.

Nudelsalat mit Artischocken und getrockneten Tomaten

Die Kombination aus Artischocken, Kapern und getrockneten Tomaten schmeckt kräftig und köstlich. Bereite den Salat ruhig im Voraus zu, damit die Aromen Zeit haben, sich zu entfalten.

FÜR 4 PERSONEN

VORBEREITUNG: 10 MINUTEN / GARZEIT: 10–14 MINUTEN

300 g Penne
200 g Artischockenherzen in Öl
200 g getrocknete Tomaten in Öl
2 Knoblauchzehen
80 g eingelegte Kapern, abgetropft
200 g gegarte Kichererbsen (Abtropfgewicht)
3 EL frisch gehacktes Basilikum
2 EL Öl (von den getrockneten Tomaten)
Saft von 1 Limette
Salz
3 EL Hefeflocken

1. Salzwasser in einem großen Topf zum Kochen bringen. Die Nudeln darin gemäß Packungsangabe al dente garen.

2. In der Zwischenzeit Artischockenherzen und getrocknete Tomaten abtropfen lassen (das Öl auffangen) und in kleine Stücke schneiden.

3. Den Knoblauch abziehen und fein hacken, die Kapern abtropfen lassen. Beides mit den Kichererbsen und dem Basilikum in eine Schüssel geben.

4. Die Nudeln abtropfen lassen, aber nicht abspülen. In die Schüssel geben.

5. Mit dem Öl und dem Limettensaft beträufeln, mit Salz abschmecken und mit Hefeflocken bestreuen. Vor dem Servieren gut vermischen. Lauwarm oder kalt servieren.

Mehr Proteine?
Für einen sehr proteinreichen Salat ersetze die Weizennudeln durch Nudeln aus Hülsenfrüchten, beispielsweise aus roten Linsen oder Kichererbsen.

Kichererbsenomelett mit Pilzen

Dieses nährstoffreiche Rezept ist ein Klassiker der veganen Küche. Wenn man erst einmal mit den Zutaten vertraut ist, kann man diese ausgewogene Hauptmahlzeit im Handumdrehen zubereiten.

FÜR 1 PERSON

VORBEREITUNG: 10 MINUTEN / GARZEIT: 10 MINUTEN

Für den Teig:

120 g veganer Naturjoghurt

80 g Kichererbsenmehl

1 großzügige Prise gemahlene Kurkuma (nach Belieben, für die Farbe)

1 Knoblauchzehe (oder 1 TL Knoblauchpulver)

2 EL Olivenöl

1 gestrichener TL Salz

Für die Pilzfüllung:

250 g frische Pilze (Sorte nach Wahl)

1 kleine Schalotte

2 EL Olivenöl

3 EL frisch gehackte glatte Petersilie

1. Alle Zutaten für den Teig in der Küchenmaschine oder in einer Schüssel verrühren. Langsam 100 ml kaltes Wasser zugeben und rühren, bis ein klümpchenfreier, recht flüssiger Teig entsteht.

2. Die Pilze abbürsten und größere Exemplare klein schneiden. Die Schalotte abziehen und hacken.

3. 1 EL Olivenöl in einer kleinen Pfanne erhitzen. Pilze und Schalotte darin unter gelegentlichem Rühren 5 Minuten garen. Die Petersilie darüberstreuen.

4. Eine weitere große Pfanne mit 1 EL Olivenöl erhitzen. Wenn sie heiß ist, den Teig hineingeben und auf mittlere Hitze herunterschalten. Wenden, sobald sich der Rand des Omeletts löst. 1 Minute braten, dann die Pilze auf eine Hälfte geben und das Omelett zusammenklappen.

5. Heiß servieren. Dazu passt ein grüner Salat.

Küchentipp:
Damit das Omelett schön gleichmäßig gart und innen nicht teigig bleibt, sollte es nicht zu dick sein. Nimm also eine große Pfanne.

Galettes

Wenn ich Buchweizenpfannkuchen für mehrere Personen zubereite, backe ich sie zunächst allein, falte sie dann in der Mitte, damit zwei gleichzeitig in der Pfanne Platz haben. Nach 2 Minuten wende ich sie, damit sie auf beiden Seiten goldbraun werden, falte sie noch einmal zu einem Viertelkreis und lege sie dann übereinander auf den Teller. Schließlich gebe ich die separat zubereitete »Füllung« obenauf, statt sie in die Pfannkuchen einzuwickeln. Das spart noch einmal Zeit und man kann die hungrigen Esser schneller versorgen.

FÜR 1 PERSON (2 GALETTES)

VORBEREITUNG UND GARZEIT: MAX. 10 MINUTEN

Galettes mit Pilzen und Tofu

100 g fester Tofu
Olivenöl
150 g weiße Champignons
1 TL Sojasauce
50 ml Pflanzencreme (Sahnealternative)

Den Tofu in Stäbchen schneiden und in einer Pfanne im heißen Olivenöl anbraten. Die Pilze dazugeben und 3 Minuten mitbraten. Mit Sojasauce ablöschen und die Pflanzencreme unterrühren. Auf den erwärmten Galettes servieren.

Galettes à la Caponata

200 g fertige Caponata (Konserve oder TK)
2 Scheiben veganer Cheddar

Die Caponata in einem Topf bei schwacher Hitze erwärmen. Die Galettes mit dem Cheddar belegen und erwärmen. Auf den Teller heben und die Caponata daraufgeben.

Galettes mit Würstchen

2 vegane Würstchen
Senf oder Ketchup

1. Die Würstchen in einer Pfanne bei mittlerer Hitze braten.

2. Die kalten Galettes in der Mitte falten und die »Halbmonde« mit Senf oder Ketchup bestreichen. Jeweils ein Würstchen auf die Fladen legen und einrollen. Sofort essen!

Galettes mit Spinat

500 g frischer Spinat
200 ml Pflanzencreme (Sahnealternative)
1 EL Hefeflocken
Salz
1 EL Zitronensaft

1. Den Spinat waschen. Einige Minuten in einer heißen Pfanne zusammenfallen lassen.

2. Die Pflanzencreme mit Hefeflocken, Salz und Zitronensaft verrühren und zum Spinat geben.

3. Auf den erwärmten Galettes servieren.

Süßkartoffeln und rote Bohnen mit Erdnusssauce

Pikante Erdnusssauce – auch Saté-Sauce – stammt aus Indonesien und wird mit einer Gewürzmischung aromatisiert, die in ganz Asien geschätzt wird. Die traditionelle Mischung enthält getrocknete, gemahlene Garnelen. Ich präsentiere hier eine rein pflanzliche Mischung, die sich mit dem Original messen kann.

FÜR 4 PERSONEN

VORBEREITUNG: 10 MINUTEN / GARZEIT: 15 MINUTEN

250 g Süßkartoffeln
1 Zwiebel
2 Knoblauchzehen
2 cm frischer Ingwer
1 EL Kreuzkümmelsamen
1 gestrichener TL Chilipulver
3 EL Pflanzenöl
1 TL Salz (oder nach Geschmack)
250 g gehackte Tomaten
400 g gegarte Kidneybohnen (Abtropfgewicht)
200 ml Gemüsebrühe
2 gehäufte EL Erdnussmus (eher flüssig)

1. Die Süßkartoffeln schälen und in Würfel schneiden. Die Zwiebel, den Knoblauch und den Ingwer schälen. Die Zwiebel in Ringe schneiden, den Knoblauch hacken, den Ingwer reiben.
2. Zwiebel mit Knoblauch, Kreuzkümmel, Ingwer und Chilipulver in einem Wok oder einer hohen Pfanne im Öl 2 Minuten braten. Mit dem Salz bestreuen.
3. Die Süßkartoffel, die gehackten Tomaten, die abgetropften Kidneybohnen und die Gemüsebrühe dazugeben. Gut umrühren, aufkochen und zudecken.
4. Bei mittlerer Hitze 10 Minuten köcheln lassen.
5. Das Erdnussmus unterrühren und heiß servieren.

Zum Servieren:
Reiche dazu Naan (indisches Fladenbrot), das du kurz im Toaster erwärmst.

Tomatentarte mit Hummus

Ich versuche oft, einfache Gemüsegerichte zusätzlich mit Proteinen anzureichern. Bei dieser Tarte steuert eine dicke Schicht Hummus das wertvolle Eiweiß bei.

FÜR 1 TARTE

VORBEREITUNG: 5 MINUTEN / GARZEIT: 20–25 MINUTEN

1 Paket veganer Blätterteig oder veganer Tarteteig (ungesüßt)
80 g gemahlene Mandeln
250 g Hummus
3 große oder mehr kleine Tomaten
1 EL getrockneter Thymian
1 TL Knoblauchpulver
Salz, Pfeffer
2 EL Olivenöl

1. Den Backofen auf 200 °C Umluft vorheizen.

2. Den Teig auf einem Backblech entrollen und mehrmals mit einer Gabel einstechen. Die gesamte Oberfläche mit gemahlenen Mandeln bestreuen.

3. Den Hummus darauf verstreichen, dabei 2 cm Rand frei lassen.

4. Die Tomaten waschen, in 1 cm dicke Scheiben schneiden und auf dem Hummus verteilen. Mit Thymian und Knoblauchpulver bestreuen, salzen und pfeffern. Olivenöl über die Tomaten träufeln. 20–25 Minuten in der unteren Hälfte des Ofens backen.

5. Wenn der Teigrand goldbraun ist, die Tarte herausnehmen und leicht abkühlen lassen. In Stücke schneiden und lauwarm oder bei Zimmertemperatur servieren.

Tipp:
Damit der Teig gut durchgegart wird, sollte er in der Mitte oder der unteren Hälfte des Ofens gebacken werden. Bei Umluft wird der Belag in jedem Fall gut gegart. Die gemahlenen Mandeln geben der Tarte einen feinen Duft und saugen überschüssige Flüssigkeit aus Hummus und Tomaten auf. Die Mandeln können durch feinen Grieß ersetzt werden.

Gegrillte Tortillas mit weißen Bohnen und getrockneten Tomaten

Diese Tortillas bereite ich sehr oft zu, denn so kann ich meine Kinder dazu bewegen, das darin versteckte Gemüse (egal welches!) zu essen.

FÜR 4 PERSONEN

VORBEREITUNG: 10 MINUTEN / GARZEIT: 12 MINUTEN

150 g getrocknete Tomaten
450 g gegarte weiße Bohnen (Abtropfgewicht)
1 Msp. Piment d'Espelette
1 TL Salz
Pfeffer
8 Tortillas (Ø ca. 20 cm)
60 g frischer Spinat
Olivenöl

1. Die getrockneten Tomaten fein hacken. In einer Schüssel die weißen Bohnen mit Chili, Salz, Pfeffer und den getrockneten Tomaten mischen.

2. 4 Tortillas auf eine Arbeitsfläche legen und die Bohnenmischung darauf verteilen. Den Spinat darauf verteilen, mit je einer zweiten Tortilla bedecken und mit den Händen leicht andrücken.

3. Zwei Pfannen einölen und erhitzen. Die Tortillas hineinlegen und bei mittlerer Hitze etwa 3 Minuten zugedeckt garen. Etwas Öl mit einem Pinsel auf die Oberseiten streichen. Die Tortillas vorsichtig umdrehen und weitere 2–3 Minuten ohne Deckel backen. Die beiden weiteren Doppeltortillas ebenso zubereiten.

4. Auf ein Brett gleiten lassen und in vier Teile schneiden. Sofort mit einem knackigen Salat servieren.

Variation:
Wenn du Gäste erwartest, kannst du diese Tortillas auch gut im Ofen zubereiten – oder im Sommer auf einem Pizzastein. Die Füllungen – also eine Sorte Hülsenfrüchte und ein Gemüse – kannst du jeweils der Jahreszeit anpassen, z. B. Paprika und rote Bohnen mit geschmolzenem veganem Cheddar und Mais, gebratener Lauch mit Räuchertofu oder Sojaschnetzel mit Auberginen.

Tempeh mit Ahornsirupglasur

Tempeh ist eine indonesische Spezialität, die aus fermentierten Sojabohnen hergestellt wird. Es ist sehr proteinreich und leicht verdaulich.

FÜR 4 PERSONEN

VORBEREITUNG: 10 MINUTEN / GARZEIT: 10 MINUTEN

300 g Tempeh (natur)
1 EL Olivenöl

Für die Sauce:

1 große Knoblauchzehe
3 gestrichene EL Ketchup
1 TL Rauchpaprika
2 EL Sojasauce
1 EL Ahornsirup (oder anderer flüssiger Sirup)
2 EL Sesamöl
1 EL Speisestärke

1. Den Tempeh in kleine Würfel schneiden und in kochendem Wasser 5 Minuten weich werden lassen.

2. Die Knoblauchzehe abziehen und hacken. Mit allen übrigen Zutaten für die Sauce und 250 ml Wasser in einer Schüssel verrühren.

3. Den Tempeh abtropfen lassen und in einer heißen Pfanne im Olivenöl bei mittlerer Hitze anbraten. Wenn die Würfel rundum goldbraun sind, die Sauce dazugießen und 2 Minuten unter Rühren bei mittlerer Hitze eindicken lassen.

4. Heiß oder kalt zu Salat servieren und nach Belieben mit Sesam bestreuen. Schmeckt auch gut in einem Sandwich.

Gut zu wissen:
Tempeh hat einen angenehm holzigen Duft. Je nach Marke kann er mild oder auch leicht herb schmecken. Wenn man ihn einige Minuten kocht, verliert er das Bittere, aber die holzige Note bleibt erhalten.

Tempeh mit Limette und Erdnüssen

Limetten werden in der Küche viel zu selten verwendet, denn ihr besonderer Geschmack verfeinert Saucen und Marinaden! Kaufe unbedingt Bioware, wenn auch die Schale verwendet wird.

FÜR 2 PERSONEN

VORBEREITUNG: 10 MINUTEN / GARZEIT: 10–15 MINUTEN

200 g Tempeh (natur)
Olivenöl

Für die Marinade:

2 Bio-Limetten

2 Knoblauchzehen

3 EL Tamari

1 gehäufter EL Erdnussmus

1 gehäufter TL Ingwerpaste (oder ½ TL frisch geriebener Ingwer)

1 EL Ahornsirup (oder Reissirup, Agavendicksaft)

1. Wasser in einem Topf zum Kochen bringen. Die Limetten auspressen und von einer vorher die Schale abreiben.

2. Den Tempeh in ½ cm dicke Scheiben schneiden und 5 Minuten kochen, dann abgießen.

3. Die Knoblauchzehen abziehen und hacken. Mit Limettenschale und -saft sowie den übrigen Zutaten für die Marinade in einer Schüssel verrühren.

4. Den Tempeh abtropfen lassen. In einer Pfanne etwas Olivenöl erhitzen und die Tempehscheiben bei mittlerer Hitze von beiden Seiten darin braten. Mit der Marinade übergießen und einige Minuten einkochen lassen, dann heiß servieren.

Gebratener Tofu mit Ananas

Hähnchenfleisch mit Ananas kennt man vom Chinesen um die Ecke. Meine vegane Version schmeckt nicht weniger exotisch.

FÜR 4 PERSONEN

VORBEREITUNG: 15 MINUTEN / GARZEIT: 20 MINUTEN

600 g Tofu
1 Zwiebel
1 Knoblauchzehe
1 cm frischer Ingwer
400 g Ananas (Konserve, Abtropfgewicht)
1 TL mildes Chilipulver
2 TL Sojasauce
Salz
200 g Reis
2 EL Olivenöl
2 EL Speisestärke
2 EL frisch gehackter Koriander

1. Den Tofu in ein Geschirrtuch oder Küchenpapier einwickeln und mit einem Gewicht beschweren, damit er leicht gepresst wird. Zur Seite stellen. Zwiebel, Knoblauch und Ingwer schälen. Die Zwiebel in dünne Ringe schneiden, den Knoblauch hacken und den Ingwer reiben. Die Ananas abtropfen lassen (den Saft auffangen) und die Ananasringe vierteln oder halbieren.

2. 50 ml Ananassaft abmessen und beiseitestellen. Den restlichen Ananassaft mit Chili, Sojasauce, Knoblauch und geriebenem Ingwer in einer Schüssel verrühren. Den Tofu in kleine Würfel schneiden.

3. Salzwasser in einem Topf zum Kochen bringen und den Reis darin gemäß Packungsanweisung garen.

4. Das Olivenöl in einer Pfanne erhitzen. Die Zwiebelringe mit 1 Prise Salz hineingeben und 2 Minuten glasig dünsten. Tofu, Ananas und Sauce zugeben. Bei starker Hitze 13 Minuten lang einkochen lassen.

5. Die 50 ml Ananassaft mit der Speisestärke und 100 ml Wasser verrühren. In die Pfanne gießen und unter ständigem Rühren 2 Minuten sprudelnd kochen, bis die Sauce eindickt. Mit Koriander bestreuen und mit dem abgetropften Reis servieren.

Kichererbsenbratlinge mit Wurzelgemüse

Dieses proteinreiche Rezept lässt sich wunderbar abwandeln. Du kannst fast alle Gemüsearten und Kräuter verwenden, die zur jeweiligen Jahreszeit frisch erhältlich sind.

FÜR 1 PERSON

VORBEREITUNG: 5 MINUTEN / GARZEIT: 4 MINUTEN

50 g Karotte (oder Rote Bete, Pastinake, Knollensellerie, Kürbis …)

1 kleine Knoblauchzehe

1 Schalotte

50 g Kichererbsenflocken

1 gestrichener EL Buchweizenmehl (oder Weizenmehl)

Olivenöl

Salz, Pfeffer

1. 100 ml Wasser zum Kochen bringen.

2. Die Karotte waschen, bei Bedarf schälen und fein raspeln. Knoblauch und Schalotte abziehen und hacken.

3. Alle Zutaten bis auf das Öl inklusive Wasser in einer Schüssel vermischen.

4. Olivenöl in einer Pfanne erhitzen. Aus der Kichererbsenmasse mit leicht angefeuchteten Händen 1 oder 2 Bratlinge formen.

5. 2 Minuten bei mittlerer Hitze goldbraun braten. Wenden und die andere Seite für 2 Minuten braten.

Interessante Zutat:
Die Kichererbsenflocken sind sehr fein, proteinreich und leicht verdaulich. Bequemer kann man Hülsenfrüchte nicht zubereiten: ohne Einweichen und Vorkochen. Sie sind in Bioläden oder online erhältlich. Ersatzweise können zarte Haferflocken verwendet werden.

Grüne Bohnen und Linsen mit Tahini

Dieses Rezept ist eine interessante Abwechslung zu der klassischen Kombi aus Linsen und Karotten. Die Sauce passt auch gut zu grünem Gemüse wie Grünkohl, Mangold oder Spinat.

FÜR 4 PERSONEN

VORBEREITUNG: 10 MINUTEN / GARZEIT: 15 MINUTEN

1 große Zwiebel
2 Knoblauchzehen
Olivenöl
1 Prise Salz
1 EL gemahlener Kreuzkümmel
200 ml Rotwein
600 g gegarte Linsen (Abtropfgewicht)
400 g grüne Bohnen (frisch oder TK)
200 ml Gemüsebrühe
Saft und abgeriebene Schale von 1 Bio-Zitrone
2 gehäufte EL Tahini (eher flüssig)
Pfeffer

1. Zwiebel und Knoblauch abziehen und in feine Scheiben schneiden. In einem Topf in Olivenöl mit 1 großen Prise Salz und dem Kreuzkümmel anbraten. Wenn sie zu karamellisieren beginnen, den Rotwein zugießen und 3–4 Minuten bei starker Hitze kochen, bis der Wein verdampft ist.

2. Dann die Linsen, die grünen Bohnen und die Brühe zugeben und 6 Minuten unter gelegentlichem Rühren abgedeckt kochen.

3. Den Herd ausschalten. Zitronensaft und -schale sowie das cremige Sesampüree (nicht die trockene Masse vom Boden des Glases!) darüber verteilen. Umrühren, abschmecken und sofort servieren.

Kleines Extra mit großer Wirkung:
Verwende frisch gepressten Zitronensaft. Seine Säure verstärkt nicht nur den Geschmack der Gewürze, sondern sein Vitamin C verbessert auch die Aufnahme des Eisens aus den Linsen. Für noch mehr Vitamin C kannst du rote Paprika, Petersilie oder frisches Obst zur gleichen Mahlzeit essen.

Polenta mit Pesto, Blumenkohl und Haselnüssen

Polenta ist als Zutat für herzhafte Gerichte bei uns nicht sehr verbreitet. Das ist schade, denn der Maisgrieß ist schnell zuzubereiten und hat eine appetitliche Farbe. Weil er sehr mild schmeckt, sollte man ihn in einer kräftigen Brühe garen oder wie hier mit Pesto würzen.

FÜR 4 PERSONEN

VORBEREITUNG: 10 MINUTEN / GARZEIT: 20 MINUTEN

500 ml Gemüsebrühe
400 g Blumenkohlröschen
200 g Polenta
4 EL Pesto, grün oder rot (S. 56/57)
Olivenöl
2 Handvoll grob gehackte Haselnüsse
Salz, Pfeffer

1. In einem hohen Topf 1 Liter Salzwasser für die Polenta zum Kochen bringen.

2. In einem zweiten Topf die Brühe aufkochen und die Blumenkohlröschen darin 10 Minuten zugedeckt garen.

3. Wenn das Wasser im Topf kocht, die Polenta einrieseln lassen (sehr wichtig, damit keine großen Klumpen entstehen), dabei kräftig mit einem Schneebesen umrühren. 10 Minuten köcheln lassen, bis die Masse cremig ist und sich von der Topfwand löst. Vom Herd nehmen und das Pesto unterrühren.

4. Die Blumenkohlröschen abtropfen lassen und in eine Schüssel geben. Würzen und mit Öl beträufeln.

5. Einen Klecks cremige Polenta auf jeden Teller geben, die Blumenkohlröschen darauf anrichten und mit den gehackten Haselnüssen bestreuen.

Vorbereiten:
Wenn du die Polenta im Voraus zubereitest, kannst du sie in eine Kuchenform geben und abkühlen lassen. Die Polenta wird dann fest, kann in Stücke geschnitten und in der Pfanne gebraten werden. Das ist absolut köstlich und sehr praktisch!

Wokgemüse mit Sesam

Dies ist das allererste Wokrezept, das ich vor 20 Jahren gelernt habe. Weil ich damals in meiner Studentenbude nur eine Kochplatte hatte, waren solche knackigen Gemüsepfannen ganz nach meinem Geschmack!

FÜR 4 PERSONEN

VORBEREITUNG: 10 MINUTEN / GARZEIT: 7 MINUTEN

1 große Karotte
1 Zucchini
1 Romanesco
1 rote Zwiebel
2 Knoblauchzehen
2 cm frischer Ingwer
1 EL Olivenöl
Salz
1 TL Chilipulver
(oder nach Geschmack)
1 EL Sojasauce
1 EL Sesamöl

1. Die Karotte schälen und in dünne Stifte schneiden. Die Zucchini waschen und mit Schale in dünne Stifte schneiden. Den Romaneso in kleine Röschen zerteilen.

2. Zwiebel, Knoblauch und Ingwer schälen und fein hacken.

3. Das Olivenöl im Wok erhitzen und das Gemüse, die Zwiebel und den Knoblauch mit Salz und Chili hineingeben. Gut umrühren und bei starker Hitze 5 Minuten unter Rühren anbraten.

4. Ingwer, Sojasauce und Sesamöl hinzufügen und weitere 2 Minuten kochen lassen. Heiß servieren.

Gehaltvolle Mahlzeit:
Füge 300 g gebratenen, geräucherten oder zuvor mit Knoblauch und Zitrone marinierten Tofu hinzu und serviere das Wokgemüse mit Reis und 1 Handvoll Erdnüssen.

Zucchininudeln mit Tomaten und weißer Bohnensauce

Gemüsespaghetti bringen auf vergnügliche Weise Abwechslung in die Mahlzeiten. Ich kombiniere sie gern mit Weizenspaghetti oder Buchweizennudeln (Sobanudeln), damit das Gericht länger sättigt.

FÜR 4 PERSONEN

VORBEREITUNG: 10 MINUTEN / GARZEIT: 12 MINUTEN

1 Knoblauchzehe
100 g getrocknete Tomaten
3 kleine feste Zucchini
240 g Spaghetti
Olivenöl
200 ml weiße Bohnencreme (S. 54)
Salz, Pfeffer

1. Salzwasser in einem Topf zum Kochen bringen. Die Knoblauchzehe abziehen und hacken. Die getrockneten Tomaten in kleine Stücke schneiden.

2. Mit einem Sparschäler oder Spiralschneider lange Zucchininudeln herstellen. Lass dich nicht von der beeindruckenden Menge täuschen, sie fällt beim Garen zusammen. Die Spaghetti ins Salzwasser geben und gemäß Packungsangabe al dente garen.

3. 2 EL Olivenöl in einer großen Pfanne erhitzen. Zucchini und Knoblauch hinzufügen. Mit Salz und Pfeffer würzen und gut umrühren. 5 Minuten ohne Deckel garen, gelegentlich umrühren.

4. Die getrockneten Tomaten und die weiße Bohnencreme vorsichtig unterrühren.

5. Die Spaghetti abgießen, aber nicht abspülen. In die Pfanne geben und vorsichtig mit der Sauce und den Zucchini mischen. Sofort servieren.

Baskische Kartoffeln

Dieses Sommergericht verdankt seinen tollen Duft dem Rauchpaprika. Man kann es auch abkühlen lassen und als Salat servieren.

FÜR 4 PERSONEN

VORBEREITUNG: 10 MINUTEN / GARZEIT: 25 MINUTEN

500 g festkochende Kartoffeln
1 TL Salz
2 rote Paprikaschoten
4 Tomaten
1 Zwiebel
1 Knoblauchzehe
3 EL Olivenöl
1 gehäufter TL Rauchpaprika
50 ml Weißwein
200 g gehackte Tomaten

1. Die Kartoffeln schälen und in 2 cm dicke Würfel schneiden. Mit dem Salz in einen Topf geben, mit Wasser bedecken und 10 Minuten kochen. Sie sollten gar, aber fest sein.

2. Die Paprikaschoten entkernen und in Streifen schneiden. Die Tomaten waschen und in Würfel schneiden. Die Zwiebel abziehen und in Ringe schneiden. Den Knoblauch abziehen und fein hacken.

3. Das Olivenöl in einer Pfanne erhitzen. Die Zwiebel mit dem Rauchpaprika hineingeben, umrühren. Nach 1 Minute Knoblauch, Paprika, Tomatenwürfel und Weißwein dazugeben.
5 Minuten bei mittlerer Hitze ohne Deckel kochen.

4. Die Kartoffeln abgießen und zusammen mit den gehackten Tomaten in die Pfanne geben.
5 Minuten bei schwacher Hitze weitergaren und heiß servieren.

Gehaltvolle Mahlzeit:
Schau im Bioladen nach veganer Chorizo. Du kannst zusätzlich rote Bohnen zeitgleich mit den gehackten Tomaten in die Pfanne geben.

Pikantes Rösti

Dieses Rezept ist eine mit Gemüse angereicherte Version des berühmten Kartoffelpuffers, der sich perfekt für ein schnelles Abendessen eignet.

FÜR 2 PERSONEN (1 GROSSES RÖSTI)

VORBEREITUNG: 10 MINUTEN / GARZEIT: 11 MINUTEN

300 g Kartoffeln
200 g Karotten
1 TL Cajun-Gewürzmischung (oder Curry, Tandoori, Garam Masala)
1 TL Salz
4 EL Olivenöl

1. Kartoffeln und Karotten schälen, fein raspeln und in eine Schüssel geben. Mit der Gewürzmischung und dem Salz bestreuen und mit einer Gabel gut vermischen.

2. 2 EL Öl in einer Pfanne (Ø 20 cm) erhitzen. Die Röstimasse hineingeben und gut andrücken. Abdecken und 6 Minuten bei mittlerer Hitze garen.

3. Den Deckel abnehmen. Das Rösti mit einem Spatel vom Pfannenboden lösen. Einen Teller umgedreht auf die Pfanne legen, dann Teller und Pfanne mit einer zügigen Bewegung umdrehen. Die restlichen 2 EL Öl in die Pfanne geben und das Rösti vom Teller in die Pfanne gleiten lassen.

4. Weitere 5 Minuten braten. Wenn die Unterseite goldbraun ist, das Rösti heiß servieren.

Mehr Proteine:
Gib geraspelten Räuchertofu zur Röstimasse oder serviere dazu Hülsenfrüchte, die separat gegart wurden.

Blumenkohlsteaks auf Kichererbsenpüree

Wer Kichererbsen nur aus Hummus oder nahöstlichen Eintöpfen kennt, sollte einmal dieses Püree probieren. Zusammen mit den würzigen Blumenkohlsteaks ergibt es eine gehaltvolle Mahlzeit.

FÜR 4 PERSONEN

VORBEREITUNG: 15 MINUTEN / GARZEIT: 20 MINUTEN

1 Blumenkohl

Für die Marinade:

1 Knoblauchzehe
1 EL Agavendicksaft
1 TL Paprikapulver
1 TL Kreuzkümmelsamen
1 TL Salz
3 EL Olivenöl

Für das Kichererbsenpüree:

1 Knoblauchzehe
800 g gegarte Kichererbsen (Abtropfgewicht)
50 ml Olivenöl
1 TL gemahlener Kreuzkümmel
1 gestrichener TL Salz
Pfeffer aus der Mühle
150 ml Gemüsebrühe

Zum Dekorieren und Servieren:

½ Bund frischer Koriander
Saft von 1 Zitrone
Granatapfelkerne

1. Salzwasser in einem Topf zum Kochen bringen. Die Blätter und den Strunk des Blumenkohls entfernen, dann den Kopf in 3 cm dicke Scheiben schneiden (4 Scheiben). Diese im kochenden Wasser 8 Minuten garen.

2. Die Knoblauchzehen abziehen und hacken.

3. Alle Zutaten für die Marinade in einer Schüssel verrühren.

4. Den Backofen auf 210 °C Umluft vorheizen und ein Backblech mit Backpapier auslegen.

5. Die Blumenkohlsteaks abtropfen lassen und auf das Backblech legen. Beide Seiten mit der Marinade einpinseln, den Rest darüberträufeln, dann 10 Minuten im Ofen backen.

6. Alle Zutaten für das Püree bis auf die Brühe in einem Mixer fein zerkleinern, dann allmählich die Brühe zugießen und weitermixen, bis ein glattes Püree entsteht. In einen Topf geben und bei schwacher Hitze unter Rühren erwärmen.

7. 1 Portion Kichererbsenpüree auf jeden Teller geben und je 1 goldbraunes Blumenkohlstak darauflegen, alternativ alles auf einem großen Servierteller anrichten. Mit gehacktem Koriander bestreuen und mit Zitronensaft beträufeln. Mit Granatapfelkernen garniert servieren.

Vorbereiten:
Die Blumenkohlsteaks lassen sich gut vorbereiten und können vorgegart im Kühlschrank bis zu 2 Tage in der Marinade liegen. Dann müssen sie nur noch im Ofen gebacken werden. Wenn ich dieses Gericht für Gäste koche, reiche ich dazu gern Feldsalat.

Pitataschen mit Garmeroug und Paprika

Garmeroug ist eine sehr aromatische armenische Sauce aus Walnüssen und Chili. Sie wird vor allem als Brotaufstrich oder Dip verwendet. Durch den knackigen Biss der Walnüsse ist sie eine schöne Abwechslung zu cremigeren Aufstrichen.

FÜR 4 PERSONEN

VORBEREITUNG: 10 MINUTEN / GARZEIT: 10 MINUTEN

2 rote Paprikaschoten

1 gelbe Paprikaschote

1 EL Olivenöl

Salz

100 g Walnusskerne

20 g Semmelbrösel

60 ml Walnussöl (oder Olivenöl)

1 gestrichener TL Piment d'Espelette oder Chiliflocken (oder nach Geschmack)

1 gestrichener TL gemahlener Kreuzkümmel

1 EL Zitronensaft

4 Pitabrote

1 Handvoll Rucola + etwas mehr als Salat

1. Die Paprikaschoten waschen und klein schneiden. In dem Olivenöl mit 1 Prise Salz 10 Minuten lang zugedeckt schmoren.

2. Walnüsse, Semmelbrösel, Walnussöl, Chili, Kreuzkümmel und Zitronensaft in die Schüssel der Küchenmaschine geben. Schrittweise mixen, bis eine dicke, stückige Creme entsteht.

3. Die Pitabrote kurz im Toaster erwärmen, damit sie weich werden. Aufschneiden, Taschen formen und die Innenseiten mit Garmeroug bestreichen.

4. Mit den weichen Paprikaschoten und dem Rucola füllen und genießen. Noch mehr Rucola als Salat dazu servieren.

Variation:
In einigen Versionen wird der Zitronensaft durch Granatapfeldicksaft ersetzt.

BROT, KÄSE UND SALAT

Knoblauchbrot auf Feldsalat

Knoblauchbrot wird in englischen Pubs oft vor dem eigentlichen Essen serviert, wie in anderen Ländern Brot und Butter. In Frankreich dient es am Sonntagabend als Ergänzung für die übrig gebliebenen Speisen vom Wochenende.

FÜR 4 PERSONEN

VORBEREITUNG: 15 MINUTEN / GARZEIT: 10 MINUTEN

1 Baguette
150 ml mildes Olivenöl
+ mehr Öl für den Salat
2 große Knoblauchzehen
einige Stängel glatte Petersilie
1 TL Salz
1 Handvoll Feldsalat
2 EL Kürbiskerne
50 g Oliven (grün oder schwarz)
Saft von ½ Zitrone

1. Den Backofen auf 200 °C Umluft vorheizen. 12 Scheiben Baguette (3 cm dick, am besten schräg geschnitten) auf ein Backblech legen.

2. Olivenöl, sehr fein gehackten Knoblauch, gehackte Petersilie und Salz in einer Schüssel verrühren. Die Brotscheiben großzügig mit der Mischung einpinseln, damit sich das Brot vollsaugen kann. 10 Minuten in der Mitte des Ofens backen. Der Rand soll knusprig und die Mitte noch weich sein.

3. In der Zwischenzeit den Salat waschen, trocken schleudern und auf 4 Tellern anrichten. Kürbiskerne und Oliven darauf verteilen und mit Olivenöl und etwas Zitronensaft beträufeln.

4. Auf jeden Teller 3 Scheiben Knoblauchbrot legen und sofort servieren.

Übrigens:
Man kann dieses Rezept auch mit Margarine anstelle von Olivenöl zubereiten. Die schräg geschnittenen Scheiben sehen einfach eleganter aus als runde.

Mein bester Kartoffelsalat

Das Geheimnis dieses Salats? Die Kartoffeln werden noch warm in die Vinaigrette gelegt, sodass sie sich damit vollsaugen und wunderbar aromatisiert werden.

FÜR 2 PERSONEN

VORBEREITUNG: 15 MINUTEN / GARZEIT: 10 MINUTEN

4 große Kartoffeln
½ rote Zwiebel
einige Stängel frische Petersilie

Für das Schnittlauchdressing:

1 kleines Bund Schnittlauch
200 g veganer »griechischer« Joghurt
2 EL Zitronensaft
1 EL Olivenöl
Salz, Pfeffer

Für die Vinaigrette:

2 EL Apfelessig
1 gehäufter TL Senf
Salz, Pfeffer
4 EL Olivenöl

1. Die Kartoffeln schälen und in mundgerechte Stücke schneiden. 10–15 Minuten im Dampf garen (oder in Salzwasser kochen). Die Kartoffeln dürfen nicht zerdrückt werden.

2. Für das Schnittlauchdressing den Schnittlauch fein hacken. Joghurt, Zitronensaft, Olivenöl, Salz und Pfeffer in eine Schüssel geben und den Schnittlauch hinzufügen. Gut verrühren und zur Seite stellen.

3. Für die Vinaigrette den Essig mit Senf, Salz und Pfeffer verrühren, dann das Öl dazugeben.

4. Die gegarten Kartoffeln abtropfen lassen, in eine Schüssel geben und mit der Vinaigrette übergießen. Die rote Zwiebel hacken oder in Ringe schneiden, zu den Kartoffeln geben und alles vermengen. Die Petersilie hacken und den Kartoffelsalat damit bestreuen.

5. Lauwarm oder kalt mit dem Schnittlauchdressing servieren.

Gehaltvoller:
Wenn du den Salat als sättigende Hauptmahlzeit servieren möchtest, gib Kichererbsen, Kidneybohnen, Räuchertofu oder glasierten Tempeh dazu.

Auberginenschnitten mit Zatar

Knuspriges Brot, weiche Auberginen und pikanter Zatar (auch: Za'atar) – ein herrlicher Genuss! Wer sagt, dass belegte Brote langweilig sein müssen?

FÜR 4 SCHNITTEN

VORBEREITUNG: 10 MINUTEN / GARZEIT: 20 MINUTEN

8 Scheiben gutes Bauernbrot, 1 cm dick

Für die gebratenen Auberginen:

2 kleine Auberginen

3 EL Olivenöl + mehr Öl zum Braten

1 TL Zatar (oder eine andere Gewürzmischung nach Wahl)

Salz, Pfeffer

Für die Miso-Béchamelsauce:

250 ml Pflanzendrink

25 g Speisestärke

10 g Kichererbsenmehl

1 gehäufter TL helles Miso

2 EL Hefeflocken

2 EL Olivenöl

1 TL Salz

Pfeffer aus der Mühle

1. Die Auberginen waschen, in 1 cm dicke Scheiben schneiden und in eine flache Schale legen. Das Olivenöl und den Zatar mit je 1 Prise Salz und Pfeffer verrühren und die Auberginenscheiben rundum damit einreiben.

2. Eine großzügige Menge Öl in einer Pfanne stark erhitzen und die Auberginenscheiben darin 4 Minuten braten, dann wenden. Die andere Seite 3 Minuten braten. Die Auberginen sollen goldbraun sein. Auf einen Teller legen und zur Seite stellen.

3. Alle Zutaten für die Béchamelsauce in einen Topf geben und mit dem Schneebesen kräftig verrühren. Bei mittlerer Hitze unter ständigem Rühren erhitzen. Sobald die Sauce eindickt, vom Herd nehmen.

4. Die Béchamelsauce auf 4 Scheiben Brot verteilen, die Auberginenscheiben darauflegen und mit den restlichen Brotscheiben bedecken.

5. Auf einer Grillplatte oder unter dem Backofengrill von jeder Seite aufwärmen.

Vorbereiten:
Du kannst die Auberginen schon vorher braten und sogar die fertig belegten Brote in einer luftdichten Box im Kühlschrank aufbewahren. Dann brauchen sie nur noch aufgewärmt zu werden.

Tofutaler mit Gomasio auf Rucola

Die kleinen Tofutaler sehen innen fast aus wie Frischkäse und schmecken köstlich. Mit diesem Gericht lassen sich auch Skeptiker der veganen Küche überzeugen.

FÜR 4 PERSONEN

VORBEREITUNG: 15 MINUTEN

200 g fermentierter Tofu mit Tamari
1 TL Tahini (Sesammus)
30 g Gomasio
½ Granatapfel
2 EL Balsamicoessig
½ TL Salz
40 g Haselnüsse
1 Handvoll Rucola

1. Den Tofu grob zerkleinern und mit dem Tahini in einem Mixer zu einer homogenen Masse verarbeiten. Das dauert ca. 1 Minute. Falls nötig, die Mischung von der Becherwand nach unten schaben, damit das Tahini gut eingearbeitet wird.

2. Das Gomasio auf einen Teller geben. Mit leicht angefeuchteten Händen aus der Tofumasse 4 ebenmäßige Taler formen, dann im Gomasio wälzen. In den Kühlschrank stellen.

3. Den halben Granatapfel in einer Hand über eine Salatschüssel halten und mit einem Kochlöffel kräftig auf die Schale schlagen. So fallen die Kerne heraus (oder lösen sich wenigstens), aber nicht die bitteren weißen Membranen. Granatapfelkerne und eventuell ausgetretenen Saft mit dem Essig und dem Salz verrühren.

4. Die Haselnüsse hacken, den Rucola waschen und trocken schleudern. Beides in die Salatschüssel geben. Gut mischen und mit den Tofutalern anrichten.

Besondere Zutat:
Gomasio ist eine Mischung aus geröstetem weißem Sesam und etwa 5 % Salz, die sich sehr gut zum Bestreuen von Salaten eignet. Man kann sie leicht selbst herstellen, und sie ist mehrere Monate haltbar.

Friséesalat mit Croûtons

Dieser Salat mit Croûtons und Tofuwürfeln ist eine Anspielung auf einen französischen Klassiker, aber in einer pflanzlichen Version, die genauso gut schmeckt. Er wird Liebhaber traditioneller Gerichte begeistern!

FÜR 4 PERSONEN

VORBEREITUNG: 15 MINUTEN / GARZEIT: 7 MINUTEN

200 g Frisée (1 kleiner Kopf)
200 g Räuchertofu
4 EL Olivenöl
2 EL Sojasauce
50 g Walnusskerne
80 g Croûtons

Für das Dressing:

200 ml Sojacreme
2 EL dunkles Miso aus Reis oder Gerste
2 EL Tahini

1. Den Salat putzen, klein schneiden, waschen und trocken schleudern, dann in eine Schüssel geben.

2. Den Räuchertofu in Streifen schneiden und in einer gut geölten Pfanne 5 Minuten goldbraun braten. Mit der Sojasauce ablöschen und unter Rühren 2 Minuten einkochen lassen, bis die »Speckwürfel« eine schöne Farbe haben. Zur Seite stellen.

3. Walnüsse, Tofu und Croûtons mit dem Salat in der Schüssel vermengen. Alle Zutaten für das Dressing in einer kleinen Schüssel verrühren.

4. Den Salat auf Tellern anrichten und mit dem Dressing beträufeln.

Zeit sparen:
Wenn du das Dressing nicht schon fertig vorbereitet im Kühlschrank hast, kannst du stattdessen eine klassische Vinaigrette mit Olivenöl und Weinessig anrühren.

SÜßES

Schneller Mürbeteig

Dies ist mein Teig für alle Fälle, weil er so einfach ist. Wer es eilig hat, verzichtet auf die Kühlzeit. Dann lässt sich der Teig halt etwas schwieriger verarbeiten.

FÜR 6 PERSONEN (1 TARTEFORM, Ø 25–28 CM)

VORBEREITUNG: 5 MINUTEN / KÜHLZEIT: 30 MINUTEN

200 g Weizenmehl
125 g feste Margarine
60 g Puderzucker
1 Päckchen Vanillezucker
1 Prise Salz

1. Alle Zutaten im Mixer zu einer bröseligen Mischung zerkleinern. Dann bei laufendem Motor 40 ml Wasser auf einmal hinzufügen und weiter mixen, bis der Teig eine homogene Masse bildet.

2. Den Teig zu einer Kugel formen, mit den Handflächen flach drücken und in Folie gewickelt mindestens 30 Minuten in den Kühlschrank stellen.

Tipps:
Dieser schnelle Teig ist ideal für Obstkuchen: nach dem Backen mit Konfitüre bestreichen, frisches Obst drauf verteilen – fertig! Für eine raffiniertere Variante fügst du 50 g gemahlene Mandeln und 1 EL Wasser hinzu. Durch das Kühlen wird der Teig geschmeidiger. Ausrollen lässt er sich am besten zwischen zwei Lagen Backpapier.

Himbeermuffins mit Schokolade

Die Zutaten für diese Muffins sollte man immer im Haus haben, denn sie sind im Handumdrehen gemacht und kommen garantiert gut an.

FÜR 10 MUFFINS

VORBEREITUNG: 10 MINUTEN / GARZEIT: 15 MINUTEN

250 ml Sojadrink (alternativ Hafer- oder Mandeldrink)

1 EL Zitronensaft (oder Apfelessig)

225 g Weizenmehl

150 g brauner Zucker (notfalls weißer)

3 g Natron (oder 10 g Backpulver)

2 EL Kakaopulver

50 ml geschmacksneutrales Öl (z. B. Sonnenblumenöl, Rapsöl, Traubenkernöl)

100 g Himbeeren (frisch oder TK)

1. Den Backofen auf 200 °C Umluft vorheizen.

2. Den Pflanzendrink in einen Messbecher geben. Zitronensaft zufügen, dann zur Seite stellen.

3. Mehl, Zucker, Natron und Kakao in einer Schüssel mischen. Das Öl zum Sojadrink geben, dann die Flüssigkeit zügig mit einem Schneebesen unter die trockenen Zutaten rühren. Zum Schluss die Himbeeren zugeben und kurz unterheben.

4. Den Teig in Muffinförmchen füllen und 15 Minuten in der Mitte des Ofens backen.

5. Aus dem Ofen nehmen und in der Form abkühlen lassen.

Kein Reisdrink zum Backen:
Reisdrink sollte nicht für Kuchenteig verwendet werden, weil er im Gegensatz zu Soja-, Hafer- oder Mandeldrink keine Bindekraft hat. Teig mit Reisdrink würde bröselig werden und zerfallen. Für Desserts, Saucen oder Mixgetränke ist Reisdrink jedoch gut geeignet.

Apfelkuchen mit Zimt

Dieser einfache, schnelle Kuchen erinnert mich an meine Kindheit. Verwende ein gutes Apfelmus, das relativ dickflüssig ist. Es darf ruhig auch Apfelstücke enthalten.

FÜR 8 PERSONEN

VORBEREITUNG: 10 MINUTEN / GARZEIT: 20 MINUTEN

30 g Puderzucker
1 TL gemahlener Zimt
2 Packungen veganer Blätterteig (für eine runde Tarteform)
250 g Apfelmus
30 g Schokoladentropfen (optional)

Zum Bestreichen:

1 EL Sojacreme
1 TL Agavendicksaft

Zur Abwechslung:
Du kannst ein anderes Fruchtmus verwenden, statt Schokolade Rosinen nehmen, 1 EL Mandelmus oder gehackte Mandeln hinzufügen. Anstelle des Zimtzuckers schmeckt auch eine Schicht (vegane) Nuss-Nugat-Creme sehr gut.

1. Den Backofen auf 220 °C Umluft vorheizen.

2. Zucker und Zimt mischen. Einen Blätterteig auf einem Backblech entrollen. Mit der Hälfte des Zimtzuckers bestreuen. Das Apfelmus in der Mitte verstreichen, dabei einen 5 cm breiten Rand frei lassen. Mit dem restlichen Zimtzucker und den Schokotropfen (falls verwendet) bestreuen und mit dem zweiten Blätterteig bedecken.

3. Die Teigränder mit einer Gabel gut zusammendrücken, um sie zu versiegeln. Ringsherum einen 1 cm breiten Streifen abschneiden, damit der Kuchen einen schön gleichmäßigen Rand bekommt. Dieser Streifen kann zur Dekoration über Kreuz auf die Oberfläche des Kuchens gelegt werden.

4. Sojacreme und Agavendicksaft in einer kleinen Schüssel verrühren. Den Kuchen mit der Mischung einpinseln. In die Mitte des Teigdeckels ein 1 cm großes Loch stechen, durch das beim Backen Dampf entweichen kann. Falls gewünscht, mit einem Messer Muster in die Oberfläche ritzen.

5. Den Kuchen 20 Minuten im unteren Teil des Ofens backen, nach 5 Minuten die Temperatur auf 200 °C Umluft reduzieren. Vor dem Servieren auf einem Kuchengitter abkühlen lassen.

Crumble aus der Pfanne

Mit dieser Methode werden die Streusel eher klein, aber die Zubereitung geht schnell und du brauchst den Backofen nicht einzuschalten.

FÜR 4 PERSONEN

VORBEREITUNG: 5 MINUTEN / GARZEIT: 7 MINUTEN

80 g gemahlene Mandeln (oder Haselnüsse)
80 g Weizenmehl
60 g Puderzucker
1 Prise Salz
50 g Margarine

1. Mandeln, Mehl, Zucker und Salz mischen, dann die Margarine mit einer Gabel einarbeiten, bis eine bröselige Mischung entsteht.

2. Eine Pfanne erhitzen und die Mischung hineingeben. Bei mittlerer bis starker Hitze 6–7 Minuten braten, dabei regelmäßig mit einem Holzlöffel umrühren.

3. Warm oder abgekühlt servieren.

Ideale Partner:
Streu das Crumble auf Kompott, frischen Obstsalat oder im Ofen gegarte Früchte.

Muffins – Grundrezept

Bei veganem Gebäck gibt es nur wenige Dinge zu beachten: Die Zutaten müssen nach dem Einrühren der Flüssigkeit zügig verarbeitet werden, und die Temperatur und die Backzeit müssen stimmen, damit das Gebäck auch im Inneren gut durchgart. Diesen Teig kannst du auch in einer Kastenform backen, wenn du die Garzeit entsprechend verlängerst.

FÜR 12 MUFFINS

VORBEREITUNG: 10 MINUTEN / GARZEIT: 15 MINUTEN

350 ml Pflanzendrink
2 EL Zitronensaft (oder Apfelessig)
60 ml geschmacksneutrales Öl
300 g Weizenmehl
140 g Rohrzucker
3 g Natron (oder 10 g Backpulver)
1 Prise Salz

Geschmackszutaten nach Belieben:

1 Msp. Vanillemark, 1 TL flüssiges Vanillearoma, 1 gestrichener EL Zimt, 2 EL ungesüßtes Kakaopulver, die abgeriebene Schale von 1 Bio-Zitrone oder -Orange, 1 geriebene Tonkabohne oder kandierte Zitrusschalen

1. Den Backofen auf 220 °C Umluft vorheizen.

2. Den Pflanzendrink in einen Messbecher geben, dann Zitronensaft und Öl zufügen.

3. Mehl, Zucker, Natron und Salz in eine Schüssel geben. Die flüssigen Zutaten zugeben und zügig mit einem Schneebesen verrühren. Nach Belieben weitere Geschmackszutaten hinzufügen und nochmals kurz verrühren.

4. In die Muffinförmchen füllen und 15 Minuten backen, nach 5 Minuten die Temperatur auf 200 °C Umluft herunterschalten.

5. Aus dem Ofen nehmen und in der Form abkühlen lassen.

Backtipp:
Für veganes Gebäck muss der Backofen gut vorgeheizt sein, damit das Natron (oder Backpulver) durch die Hitzeeinwirkung sofort reagiert und der Teig gut aufgeht.

Plätzchen im Handumdrehen

Für diese leckeren Plätzchen werden nur wenige Zutaten benötigt. Sie erinnern an die mürben Butterplätzchen, die man traditionell zum Tee serviert.

ERGIBT CA. 20 PLÄTZCHEN

VORBEREITUNG: 10 MINUTEN / GARZEIT: 14 MINUTEN

200 g Weizenmehl + mehr Mehl zum Arbeiten
100 g Margarine
60 g Puderzucker
1 gehäufter TL gemahlener Zimt
2 g Natron (oder 1 TL Backpulver)
1 Prise Salz

1. Den Backofen auf 200 °C Umluft vorheizen.

2. Alle Zutaten in eine Schüssel geben. Mit den Knethaken des Handmixers kurz vermischen, dann 25 ml Wasser hinzufügen und alles zu einem festen Teig verarbeiten.

3. Etwas Mehl auf die Arbeitsfläche streuen. Den Teig darauf zu einem 3 mm dicken Quadrat ausrollen. Gegebenenfalls mit den Händen nachhelfen.

4. Mit einem Messer (optimal wäre ein Teigrad mit Wellenrand) waagerechte und dann senkrechte Streifen schneiden, sodass Plätzchen mit einer Seitenlänge von ca. 4 cm entstehen. Mit einer Gabel Löcher in die Oberseite stechen. Die Plätzchen auf ein Backblech legen.

5. 14 Minuten goldbraun backen. Auf einem Kuchengitter abkühlen lassen und in einer luftdicht schließenden Dose aufbewahren.

Mal anders:
Plätzchen zum Tee sind immer willkommen. Du kannst den Zimt durch Vanillemark, Kakaopulver, Zitrusschalen usw. ersetzen. In einer gut schließenden Blechdose sind die Plätzchen mindestens 1 Woche haltbar.

POLO
POLO
MAISON MA
DITE

Tapioka mit Kokosmilch und Kiwi

Dieses Dessert hat eine ähnlich cremige Konsistenz wie Milchreis. Du kannst das Obst je nach Jahreszeit variieren.

FÜR 4 PERSONEN

VORBEREITUNG: 5 MINUTEN / GARZEIT: 12 MINUTEN

400 ml Kokosmilch
30 g Puderzucker
1 Päckchen Vanillezucker
70 g weiße Tapiokaperlen
2 Kiwis

1. Die Kokosmilch mit 100 ml Wasser, Puderzucker und Vanillezucker aufkochen.

2. Die Tapiokaperlen einrieseln lassen und rühren, damit sie nicht verklumpen.

3. Bei mittlerer Hitze 10 Minuten unter gelegentlichem Rühren köcheln lassen. Die Masse in 4 Portionsschälchen füllen.

4. 5 Minuten ruhen lassen, in der Zwischenzeit das Obst vorbereiten. Die Kiwis schälen und in kleine Würfel schneiden und auf die Creme legen. Lauwarm oder kalt servieren.

Mal anders:
Du kannst am Ende der Garzeit noch Rosinen und 2 EL Kokosraspel unterrühren.

Haferflockenplätzchen

Dies ist mein Standardrezept für schnelle, preisgünstige Cookies, die bei der ganzen Familie hoch im Kurs stehen. Ich habe sie schon so oft gebacken, dass ich das Rezept auswendig kenne.

FÜR 20 PLÄTZCHEN

VORBEREITUNG: 10 MINUTEN / GARZEIT: 10–15 MINUTEN

400 g Weizenmehl
100 g Haferflocken
200 g Puderzucker
1 Päckchen Vanillezucker
2 gestrichene TL Natron
1 Prise Salz
200 g dunkle Schokolade
250 ml Pflanzendrink (Soja, Mandel oder Hafer)
200 ml geschmacksneutrales Öl
2 EL Zitronensaft (oder Essig)

1. Den Backofen auf 200 °C Umluft vorheizen.

2. Mehl, Haferflocken, Puderzucker, Vanillezucker, Natron und Salz in einer Schüssel mischen. Die Schokolade mit einem Messer in Stücke hacken.

3. Alle drei Flüssigkeiten in einem Messbecher abmessen, verrühren und in die Schüssel gießen. Kurz verrühren, dann die Schokolade hinzufügen und erneut verrühren.

4. Mithilfe von zwei Esslöffeln 20 Teighäufchen abstechen und auf ein Backblech setzen. Dabei genügend Abstand halten, da der Teig beim Backen etwas auseinanderläuft.

5. Die Plätzchen 10 Minuten (weich) oder 15 Minuten (knusprig) backen, dann vorsichtig auf ein Kuchengitter heben und abkühlen lassen.

An die Zukunft denken:
Ich backe immer gleich eine größere Menge , weil sie so schnell gemacht sind und sich gut aufbewahren lassen. In einer luftdichten Dose sind sie 1 Woche haltbar (es sei denn, es kommen viele kleine Hände vorbei!). Wer nicht gleich verdoppeln will, nimmt die 1 ½-fache Zutatenmenge.

Energy Balls mit Proteinen

Energy Balls werden oft mit Datteln zubereitet. Trockenaprikosen haben jedoch einen niedrigeren glykämischen Index und bieten geschmacklich eine Abwechslung.

FÜR 12 KUGELN

VORBEREITUNG: 5 MINUTEN

280 g getrocknete Aprikosen
40 g Kürbiskerne
10 g geschälte Hanfsamen
40 g Mandeln

1. Die getrockneten Aprikosen in einem Mixer zu einer relativ homogenen Masse verarbeiten. Das dauert in einem leistungsstarken Mixer etwa 2 Minuten.

2. Kürbiskerne, Hanfsamen und Mandeln zugeben und erneut kurz mixen. Die Mandeln sollen etwas stückig bleiben.

3. Den Teig mit feuchten Händen zu 12 Kugeln formen.

4. Die Kugeln halten sich bei Zimmertemperatur mehrere Tage, werden aber an einem kühlen Ort fester.

Auf die Farbe achten:
Wenn Trockenaprikosen hellorange aussehen, sind sie geschwefelt. Der Zusatz von verschiedenen Sulfiten und Schwefeldioxid ist bei Bioprodukten nicht erlaubt, darum sind getrocknete Bio-Aprikosen dunkler, fast braun.

Mit Biss oder ohne?

Ich mag es, wenn meine Energiekugeln etwas Biss haben. Wenn du aber eine homogenere Masse bevorzugst, zerkleinere zuerst die Mandeln und Kerne im Mixer zu feinem Pulver und füge dann erst die Aprikosen hinzu.

Register nach Zeitaufwand

Register nach Zutaten

Bibliografische Information der Deutschen Nationalbibliothek
Die Deutsche Nationalbibliothek verzeichnet diese Publikation in der Deutschen Nationalbibliografie. Detaillierte bibliografische Daten sind im Internet über http://dnb.de abrufbar.

Für Fragen und Anregungen
info@rivaverlag.de

Wichtiger Hinweis
Ausschließlich zum Zweck der besseren Lesbarkeit wurde auf eine genderspezifische Schreibweise sowie eine Mehrfachbezeichnung verzichtet. Alle personenbezogenen Bezeichnungen sind somit geschlechtsneutral zu verstehen.

1. Auflage 2023

Türkenstraße 89
80799 München
Tel.: 089 651285-0
Fax: 089 652096

Die französische Originalausgabe erschien 2022 bei Solar Éditions unter dem Titel *Cuisine Vegan Express*. © 2022 Editions Solar, ein Imprint von Edi8, Paris, Frankreich.

Übersetzung: Wiebke Krabbe
Redaktion: Anna Gülicher-Loll
Umschlaggestaltung: Manuela Amode
Umschlagabbildungen und Abbildungen im Innenteil: Chromostyle
Satz: inpunkt[w]o, Haiger (www.inpunktwo.de)
Druck: Firmengruppe APPL, aprinta Druck, Wemding
Printed in Germany

ISBN Print 978-3-7423-2247-0
ISBN E-Book (PDF) 978-3-7453-2034-3
ISBN E-Book (EPUB, Mobi) 978-3-7453-2035-0

Wir produzieren nachhaltig
www.m-vg.de

Weitere Informationen zum Verlag findest du unter
www.rivaverlag.de
Beachte auch unsere weiteren Verlage unter www.m-vg.de